発達

文教大学教育学部

北樹出版

発達教育課程発足記念書籍『発達と教育』へのメッセージ

　文教大学には教育学部、人間科学部、文学部、情報学部、健康栄養学部、国際学部、経営学部の7つの学部があり、全学部で教員免許が取得でき、「育ての文教」を標語としております。

　文教大学教育学部発達教育課程は、2020年に前身である心理教育課程を発展的に改組した課程であります。本課程では、教育学・保育学、心理学、特別支援教育学を基盤に、子どもの「心とからだ」における発達の連続性と多様性を理解し、乳幼児期から児童期、青年期へと学びをつなぐことのできる教員・保育者の養成を学びの目的としております。1年次では「子どもの発達を支える教育の基幹」を、2年次では「教育者・保育者になるための基本」を、3年次では「魅力ある教育者・保育者になるため専門的な知識」を学び、4年次では「学びの集大成として実習」に取り組みます。発達教育課程は2024年3月に完成を迎えますが、前述の学びの目的（カリキュラムポリシー）を身に付け、時代のニーズに応える教員が巣立っていきます。

　本書、『発達と教育』は、文教大学教育学部発達教育課程の全教員が一丸となって、「発達と教育」にかかる「知」の充実を目指す姿を解説したものであります。読者の皆様の共感を得られれば幸甚に存じます。

学長　中島　滋

刊行によせて

　2023年11月23日。文教大学教育フォーラムが開催され、講演者が次の1文を紹介してくれました。「教育は家庭で芽吹き、学校で花を咲かせ、社会で実を結ぶ」。これは明治31年の文言であり、現代の視点からするとその価値観にはいろいろと意見があることでしょう。しかし、この箴言は、教育は「家庭」「学校」「社会」が協働して行われなければならないことを端的に述べていて、その点については首肯できるのではないでしょうか。

　長い歴史と伝統を持つ文教大学の教育学部は、2020年度に学部の体制を新たに整えました。教育の場所を「学校」に限り、そこでの教育全体を引き受ける学校教育課程と、そうした場を限らず、発達という枠組みの中でどのようにそれを引き受けるのかということと自覚的に向き合う発達教育課程。この二つの課程によって、本学教育学部はこれからの社会の「育て」に関わる人材を「育て」ることを引き受けるという、強い意志を表明したのです。特に、上に引いた箴言は、まさにこの発達教育課程の「引き受け」を、丸ごと表現していると言っても過言ではないでしょう。

　本書は、発達教育課程の完成年度を記念して刊行されました。そこにある一編一編の「質料ヒュレー」によって、発達教育課程の強い意志と柔軟性が「本」として現実化しています。ぜひ手に取って、その「重み」を感じてください。そこには、文教がこれまで背負ってきた、そしてこれから背負っていく「責務」と、これから実現していくであろう社会の姿を強く感じることができると思います。その「重み」を感じていただけたら幸いです。

教育学部学部長　近藤　研至

巻 頭 言

　本書は、文教大学教育学部に2020年に新設された発達教育課程が2024年3月に完成を迎えることを記念して刊行するものである。発達教育課程設置時の全専任教員の参加を得て、現代における「発達と教育」にかかわる諸課題を各執筆者の専門の視点から学問的に深く論究した、本格的な学術書に仕上がったと自負している。

　発達教育課程は「発達」と冠しているが、本書の執筆陣と各章のタイトルを一覧していただくと、我々が考える「発達」概念は狭く限定されたものではなく、非常に幅広い射程をもつものであることが理解されるであろう。子どもの発達過程やそのメカニズムを教科書的に概説する章はなく、むしろ、学校や幼稚園・保育所など、子どもの学びや育ちの「場」における具体的な「実践」に焦点をあてる章が多い。社会的・歴史的な観点からの論考も含まれるが、教育・保育のあらゆる実践はその根底に何らかの歴史性を帯び、かつ法や制度に条件づけられていることを想起すると、これらの章も子どもの学びや育ちの「場」とそこでの「実践」に強く関心を寄せるものである。我々は、教育・保育の「場」で日々営まれている社会的・文化的な「実践」に即して、多様な子どもの学びや育ちを理解することに全力を尽くす専門家集団である。そのために学問の境界を乗り越えて協力することをいとわない。こうして得られた成果を発達教育課程に在籍する学生の教育に還元し、子どもの学びや育ちを広く深く理解することのできる教師や保育者を育成する。これこそが我々の共有するミッションである。こうした立場から、本書では特定の学問の枠組に依拠して「発達」の概念規定をすることを意図的に避けている。むしろ、具体的な場面や実践の中で子どもの学びや育ちをより深く捉えるためのフレームワークの意で「発達」概念を用いている。子どもの学びや育ちは具体的な環境の中で「ひと・もの・こと」とのかかわりを通して多様に生起するから、そこに立ち現れる子どもの姿を具体的に捉えるためのフレームワークを状況に応じて柔軟に組

み替えていく必要がある。教育・保育の実践者には自身が目の前の子どもをどのようなフレームワークを用いて理解しようとしているのかを自覚的に問い直す「省察力」が求められる。

　津守真は、教師や保育者が「一つひとつの具体的場面で、子どもの行動を慣習的な大人の目で見ることを意識的に止めて、子ども自身の表現として見る」ことを実践上の課題として自覚的に追究することが「子どもが主体として生活する場」を創造することにつながると論じている[1]。それは「相手に衝動的に反応しようとする人間の本能的傾向を知性によって引きとどめ、どこまでも子どもの側に立って考えようとする自我の力」による「高度な精神作業」であるという[2]。教師や保育者が日々の実践の中で子どもの学びや育ちを捉え直すためには、その土台となる高度な知性を培う必要がある。発達教育課程で学生として学び、その後、教師や保育者として現場で経験を積んだ実践者は、幅広い学問知と豊かな経験知を支えに「どこまでも子どもの側に立って考えようとする」であろう。

　先述した教師や保育者が自らの子ども理解を問い直す「省察力」は、彼ら自身の高度な知性と自我の力に支えられている。我々は、このことを常に念頭において発達教育課程の学生の学びと育ちに向き合い続ける教育者集団でもある。

　本書の出版にあたって北樹出版の福田千晶さんに編集の労をとっていただいた。記してお礼を申し上げたい。

　　　　　2023年9月　　　　　　　　　　　　　　　　　　　浅野　信彦

〈注〉
1） 津守真『保育者の地平――私的体験から普遍に向けて――』ミネルヴァ書房、1997年、219-221頁
2） 同上書、288-289頁

＊本書の出版に当たっては、2023年度文教大学学長調整金の助成を受けました。ここに記して感謝申し上げます。

目　　次

「発達」の理解と支援

～保幼小中の発達理解と子ども支援～

Chapter 1

子どものふり遊び・ごっこ遊びと保育者のかかわり

小さい子どもたちを見ていると、なぜなのだろうと思わされることがたくさんある。たとえば子どもは、0歳終わり頃には、自分でコップからミルクを飲めるようになる。しかしその後、1歳半を過ぎると、今度は空のおもちゃのカップにミルクが入っているつもりで、それを飲む「ふり」をし始める。イメージの世界のなかで遊ぶようになるのだ。なぜこんなことができるのだろう。実用性がないにもかかわらず、なぜこんなことをするのだろう。そして、子どもの周囲にいる私たちには、いったい何ができるだろう。

第1節 | 子どもとふり遊び

1. 子どもと「ふり」

　走り回るのが大好きな1歳後半の男の子がいた。筆者はその子の前に座り、両手にご飯を乗せているようなしぐさで「ご飯食べるね」と言って「パクパク」と食べるふりをしてみせた。するとその子はびっくりした顔をして、それからすっと自分の両手でパクパクとご飯を食べるふりをし、そしてちょっと恥ずかしそうに笑ったのである。

　目の前にないものを思い浮かべ、それを自分の身体やほかの物で代用して遊ぶ「ふり行為」は、1歳半頃から始まるとされている。この男の子の食べるふりは、おそらくはじめての「ふり遊び」だったのだろう。

　子どもは模倣ができるように生まれてくる。しかしそれは、単に相手の行為のまねではなく、しだいに行為の意味、「ふり」の意味を理解して模倣するようになる。子どもの「ふり遊び」は、外界の事物を別のものによって表す表象の始まりといわれ、象徴的思考や抽象的概念の形成につながるとされている。

こんなに大切なことが小さい子どもに育っているのであれば、子どもの周囲にいる私たちはそれを理解し、どの子に対しても等しくその援助をしていかなければならない。

2．ふり遊びの研究

　子どもの遊びの実証的研究はピアジェ（Piaget, 1945 大伴訳 1967）から始まるといわれるが、これを引用しながら高橋（1989）は、子どもの「ふり遊び」の世界やイメージの形成・発達について、詳細に分析している。子どもは現実生活における体験を知覚・判断・認知能力を通してイメージとして蓄えるが、保管された記憶内容が遊びの文脈で、ふり行為として出てくるとした。高橋は、物をほかの物で代用するいわゆる「見立て」についても言及している。また、イメージ量の増大は保管されているイメージの組織化と体制化をうながし、イメージ間を創造的につないだり新規なイメージを生産したりするという。そして、個人的なふり遊びは集団的なごっこ遊びへと発展し、共同のファンタジーとして広がっていくとした。

　大塚（2015）は、乳幼児期のふり遊び研究の動向と展望を整理している。それによると、上記のようなふり遊びの古典的研究は、ふりの産出を「見たてるもの（現実）/見たてられるもの（ふり・虚構）」という代理的な関係に着目して明らかにしてきており、ふり遊びの実態を把握する上で重要な知見を提供しているとする。そしてその後の研究では「ふりの意識」が議論されるようになったとし、そのなかで、レスリーら（2010）の「ふりというものを理解するために必要なモジュールが発達の早期に備わっているのであって、実際に情報を処理する認知的プロセスは無意識的なものである」という考えを紹介している。

　また、ふりの理解を支える大人の存在についても実証され始めたとし、大人が示す「ふりシグナル」の研究について紹介している。「ふりシグナル」とは、ふり行為に付随する笑顔やアイコンタクト、効果音の多用、動作をくり返すなどのさまざまなシグナルのことを指すという。そして「子どものふり行為が単なる母親の行為の模倣ではなく、母親が笑顔やアイコンタクトを表出することで、子どもが遊びということを理解してふり行動を生じさせ、遊びを共有する

ことができた」との考察（伴・内山，2012）を紹介している。またこのように、今後の研究には、コミュニケーション過程に着目した検討が求められるとした。大塚は、これらの研究の知見をふまえ、ふりの理解の発達的変化モデルを提案している。

　また、子どもにおける象徴的機能は人と人との関係のなかから生み出されるとされるが、自閉スペクトラム症幼児においても同様と考えられるとの見解がエピソードの分析から示されている。辻・別府（2020）は、自閉症の対象児もふり遊びを通して、自己と他者が違う役割や立場をとれる存在であることを理解し役割交替遊びをするようになったが、それは母親のかかわりによって引き出されたと推察されるとした。

　また、ASD（自閉スペクトラム症）のコミュニケーションについて、意図の側面から理論的検討を加え、意図の定義やミラーニューロン、意図理解などの点から整理している論文がある（松本・菊地・清野，2018）。松本らは、そのなかでミラーニューロンについて言及し、ミラーニューロンのもっとも重要な点は、他者の行動の目的に応じて反応することであるという説を紹介している。また研究者たちが、ミラーニューロンは観察された行為の意味を反映していると見なすようになってきているとしている。

　このように最近は、子どもにおけるふり遊び・ふり意識における大人との関係の重要性の指摘が注目されるが、子どもの発達における神経科学、脳科学の分野の研究は、今後ますます多くの知見を与えてくれるであろう。

 ## 第2節 ｜ 年齢別のふり遊び・ごっこ遊びと保育者のかかわり

　子どものふり遊びに対する大人のかかわりにおいて、では、具体的にどんな援助を行えばいいのだろう。筆者は、子どものふり遊び、見立て遊び、ごっこ遊びと保育者のかかわりを調査し、分析・検討（石川，2021）した。調査方法は、保育所や幼稚園で実習やアルバイト、ボランティアを行い、調査に同意の得られた学生に無記名で、ふり遊び・見立て遊び・ごっこ遊びと、印象に残った保育者のかかわりをエピソードで記述してもらう形をとった。本章は、その後の

2022年のデータを含めた結果をまとめたものである。調査時期や調査人数、事例数は以下の通りである。

　・調査Ⅰ、調査対象89名、延べ事例数230件、調査時期2021年7月
　・調査Ⅱ、調査対象63名、延べ事例数282件、調査時期2022年7月

　調査した512例について、記述された特徴的なことがらを模倣やふり、見立て、ごっこ遊び、役割などに分け、年齢別にまとめた。以下は年齢別のクラスごとになっているが、子どもの実年齢は少し高い場合もある。

1．0歳児クラス

①模倣・ふり　②言葉

　0歳児クラスで記述された子どもの遊びと保育者のかかわりを①模倣・ふりと、②言葉に分けた。

　子どもは、模倣する力をもって生まれてくるが、0歳児クラスの保育者は、①の模倣する力を引き出し高めようとしていた。事例を見ると、「子どもがつるし玩具にふれた後保育者を見ると、保育者は子どもをまねてつるし玩具にふれ『上手だね、おもしろいね』と言葉をかけていた（事例Ⅱ70）」というものがあった。ここでは、保育者の方が子どもをまね、子どもに「模倣」を見せていた。一方、子どもの方の模倣の事例は多く記述されている。「保育者が手をたたいて音を出すと子どももまねて一緒に手をたたいた（Ⅱ207）、保育者がボールを転がすと子どももまねてボールを転がした（Ⅱ37）、保育者がマラカスを振って見せると、子どもはそれを受け取り同じように鳴らそうとしていた（Ⅰ76）、保育者が他児のお腹をさすって歌遊びをしているのを見て、子どももまねてひとりでお腹をさすっていた（Ⅰ78）」などがあった。「ふり」の事例では、「保育者が玩具をご飯に見立て食べるふりをして子どもに見せ、子どももそのまねをして食べるふりをしているうちに口に入れてしまった（Ⅰ44）」というものもあった。0歳児クラスでは、ふり行為はまだ難しいようである。

　保育者は、日常目にする道具や玩具などを使って、みずから子どもの模倣をしたり、子どもに模倣を引き出したり、またそれをほめたりしていた。さらに、「同じクラスにいる月齢の低い子どもについて理解を促すため、人形をベッド

に寝かせる『赤ちゃんごっこ』もして見せていた（Ⅱ177）」という事例もあった。

　②の子どもに言葉をかけることは、保育者はよく行っている。言葉は、物や行為にそれを意味する音を乗せていくことであり、表象や抽象の世界を教える大事な手立てである。保育者は、物の名前や挨拶の言葉を言ったり、行為の説明や意味を付け加えたり、気持ちの代弁をしたりしていた。子どもにわかりやすいであろう「もぐもぐ」「パクパク」などの擬音語・擬態語もよく用いていた。子どもの行為をほめたりする言葉も多くかけており、子どもと良好な関係を築くことにも心を配っていた。

2．1歳児クラス

①模倣・ふり・見立て　②言葉・意味

　1歳児クラスになると子どもは身体能力も高まり、言葉も少し話せるようになる。①の「模倣」を引き出す事例では、保育者が玩具の受話器に耳を当て「『もしもし○○ちゃん』と言うと、子どもも嬉しそうにまねて同じ動作をした（Ⅰ46）」などがある。また、保育者による手遊び、歌遊びも多くなされており、子どもたちもまねしながら楽しんでいた。「ふり」「見立て」の事例では、「子どもが黄色のブロックを保育者に『バナナ』と言って差し出したので、保育者は『バナナだね、一緒に食べてみようか』と言って皮をむいて食べるふりをすると、子どもも口につけて食べるふりをした（Ⅱ22）、保育者がフライパンで料理を作るふりをして、子どもにまねさせていた（Ⅱ32）」などがあり、模倣やふり行為を引き出していた。また、「保育者が『だるまさん』の絵本を読み聞かせしながら倒れるふりをすると、子どもも一緒にまねて倒れるふりや、つぶれるふりをしていた（Ⅱ124）」など、模倣やふり遊びに絵本もよく用いられていた。

　②の言葉や意味を伝える事例は多くあった。たとえば、「保育者と子どもが玩具で『どうぞ』『ありがとう』のやりとりをくり返す（Ⅱ137）、保育者が『写真撮るよ』と撮るふりをすると、子どもも『カシャカシャ』と言葉も動作もまねてポーズする（Ⅰ30）」などがあり、言葉や声を出す遊びが多くなされ、保

育者はそこに説明や意味を付与し伝えていた。「ありがとう」や「おはよう」といった言葉も、単なる挨拶の言葉という範疇を超えて、お礼などの意味や概念につながるものとしての役割もあるものと思われる。

3．2歳児クラス

①模倣・ふり・見立て・イメージ　②言葉・意味　③役割　④他児とのかかわり

　2歳児クラスになると、子どもは色や形などの概念形成が進み、動作もそれらしくふりや見立てをしたり、頭のなかでイメージできるようになる。①の模倣・ふり・見立ての事例では、「子どもがブロックでアイスごっこをしている時に、保育者が食べるまねをして『レモン味のアイスください』と言うと、子どもは黄色のブロックを探し保育者に渡していた（Ⅱ34）」などがある。イメージの事例では、「教室の移動時、保育者が『上の階にオオカミがいるみたい、気づかれないよう忍者の足で移動するよ』と声をかけると、子どもも忍者になりきっていた（Ⅱ5）、保育者が『今日、ここはレストランです』と話すと、子どももそのイメージに添っておすまししながら椅子に座り、気持ちよく行動できていた（Ⅰ15）」などがあり、イメージする力がついていることがわかる。さらに、「子どもが絵本を立てて扉に見立てていたので、保育者が絵本をパーテーションと交換しそこにインターホンをつけると、子どもは『ピンポン』とドアのようにして遊び始め、人数が5人から10人ほどに増え次の日もそこで遊んでいた（Ⅰ1）」という事例もあった。保育者は子どもが興味をもちそうなテーマを用い、遊びの文脈に添いながら、イメージ遊びがより広がる教材や言葉を提供していた。

　②の言葉や意味を伝えるために、保育者は常に言葉をかけているが、たとえば、「保育者が『暑いね』と手であおぐしぐさをすると子どもがまねて『暑いね』と言い、次に保育者が『日陰は少し涼しいね』と言うと子どもも『涼しいね』とまねた（Ⅰ142）」など、反対語や対概念を用いながら子どもに概念の定着も図っていた。「おいしいね」「おもしろいね」など、気持ちや心の状態を表す抽象的な言葉もよくかけていた。

③の役割を演じることも始まっていた。「子どもが人形を寝かせ、保育者を
まねて『もうすぐママ来るよー』『大丈夫よ』と声をかけた（Ⅰ221）、医者の道
具をかばんに入れて歩く子に、保育者が『動けなくなった、助けてー』などと
言うと、子どもも医者になりきって治療をしていた（Ⅱ175）」などがあった。
子どもが他者の役割を演じたり他者に共感したりすることを、保育者がほめた
り認めたりしていく姿勢も、演じることを支える基盤になっていると思われる。
　2歳児は少しずつ他児への関心をもち始めるが、④の他児とのかかわりにつ
なげたり、子ども自身が他児とかかわったりする事例もあった。「子どもがブ
ロックをつなげて見せに来たので、保育者は『マイク作ったの？友だちに名前、
聞いてみよう』と言い、インタビューごっこになった（Ⅱ41）、子どもが箱を組
み合わせて電車を作り、車掌になりきり他児を乗せた（Ⅰ85）」などのように、
遊びを他児に広げることも始まっていた。

4．3歳児クラス

①模倣・ふり・見立て・イメージ　②役割　③複数人での遊び

　3歳児クラスになると、子どもは2～3人で集まり言葉を言い合ったりして、
いわゆる「ごっこ」らしい遊びが始まる。①の模倣・ふり・見立て・イメージ
遊びは、言葉や意味のやりとりを含んだ複雑なものになってくる。たとえば見
立ての事例では、「子どもが布でボールを包み『クレープ』、布と布でボールを
はさんで『ピザ』と言い保育者に渡し、保育者はそれを食べるまねをする（Ⅱ
48）、他児が積み木を使って駅のホームを作り電車を走らせているのを見て、
本人が同じものを作ってくれと保育者にせがんだのでその子と作り始めた（Ⅱ
78）」など、模倣・ふり・見立て遊びを援助していた。さらに、「保育者がイメ
ージのなかで風船を膨らませ窓の外へ飛ばすふりをすると、子どもも窓の外へ
目を向けそのイメージを共有していた（Ⅰ56）」など、物を使わずイメージだ
けでストーリーを伝え、イメージする力を育てるような保育も意識的に行って
いた。

　②の役割では、「3人で家族ごっこをするなかで、1人が『赤ちゃん役をや
る』と言うと『じゃあお母さんをやる』『私も赤ちゃんがいい』と言う子がい

た（Ⅱ155）」など、子ども同士で役割をとろうとすることも始まっていた。

　③の複数人での遊びでは、「１人が寿司のおもちゃを箱につめて寿司屋さんをしていたところ、車で遊んでいた他児が寿司をとってしまうのを見て、保育者がとった子の方に『先生もお寿司食べたいな、車に乗せて届けに来て』と話し、その後デリバリーごっこになった（Ⅱ243）」など、トラブルに介入しながらも、遊びの文脈に沿って複数人での遊びに広げる仲介をしていた。

5．4歳児クラス

　①模倣・ふり・見立て・イメージ・役割　②ストーリー

　４歳児クラスになると、ふり・イメージ遊びは、役割も入り実際の姿に沿ったものとなり、また自制もできるようになるので他児の意図も入れ、言葉でやりとりをしながら遊ぶようになる。①のふり遊び、イメージ遊びでは、「LaQ（パズルブロック）を使ってお店屋さんごっこをし、イメージに沿って作っている（Ⅱ68）、１人の子の動きを他児が『鳥さんみたい』と言ったところ、『私もできる』と鳥まねごっこや動物まねごっこに広がり、２〜３日続いた（Ⅰ192）」など、イメージ遊びもさかんになっていた。「１人でパン屋さんごっこをしていた子どもに、保育者が『１人だと忙しくない？誰にお手伝いしてほしい？』と聞き、子どもが名前をあげると『一緒に遊ぼう』とお願いをしに行き、２人でパン屋さんごっこが始まり、その後他児も加わった（Ⅰ193）」など、複数人での遊びに広げていた。役割を演じることも上手になり、「保育者が段ボールに『絵を描いてみたら』『届けてあげたら』と提案し、子どもは段ボールに自分で作ったものを入れ『ピンポン宅配便です』と宅配ごっこになった（Ⅰ132）」など、保育者は、より役割を意識した援助を行っていた。

　②のストーリー作りも始まる。「３人で家族ごっこをする際『○○ちゃんはお姉さん、○○くんはお父さん、私はお母さんね』と伝え、詳細な設定は何もしていないにもかかわらず役割のイメージを共有し、そのイメージのもと、自分たちで即興芝居のようにストーリーを展開していた（Ⅱ101）、子どもが物語を作りながら戦いごっこをしているところに、保育者がイメージが広がる言葉を言い、子どもはその言葉を物語に反映させていた（Ⅰ146）」など、短いスト

ーリーを作り、そのなかで遊べるようになっている。保育者は、遊びの文脈や言動に沿いながら、ストーリー作りやその展開のための臨機応変な援助を行っていた。

6．5歳児クラス

①模倣・ふり・見立て・イメージ・役割　②ストーリーや空想の物語
③ルール

　5歳児クラスになると、①模倣・ふり・見立て・イメージ遊び・役割遊びも、子ども同士の言葉でのやりとりで変化する複雑なものとなる。「4人で雲梯を汽車に見立て、それぞれの役割を細かい表情や行動まで、まるでそのシーンのように演じる（Ⅰ5）」など、友だちとイメージの世界を共有することも素早く行われ、協力したり、共同で作業したりすることも自然に行われていた。

　②のストーリーや物語を作ることも上手になる。互いに相手の話に沿ってストーリーを作り変えたりもしていた。「遊具や園庭をアニメの世界に見立てて共有し、ストーリーに沿ってそれぞれを演じる（Ⅱ80）」などがあった。ストーリーを作るということは、記憶力やイメージ力、想像力、言葉、役割の共通理解や共感性、思考力などさまざまな力が必要であるが、子ども同士でそれをすぐに共有できていた。

　そして、自分たちで③ルールも作るようになる。「1人が迷路を作り2人が迷路を移動する人となり、ルールを決めて迷路から脱出できたら『次は〜』とどんどんルールを変える（Ⅱ219）」などである。子どもたちがルールを作り変え、その意味もすぐに共有してしまうのを見ると、元来私たちは、ストーリーを作ったりルールを作ったりするようにできているのでないかとまで思えてくる。イメージ力や思考力の増大も感じられた。

　以上、年齢別にふり遊びなどにおける子どもの様子や保育者のかかわりを見てきた。しかし一方、子どもには個人差が大きい。日々の遊びも、個人差や個性、背景となる家庭などさまざまな影響を受けている。保育者は、それらも考慮に入れながら援助を行っていると思われた。

7．異年齢児のかかわり

　子どもは、異年齢集団で遊ぶこともある。事例では、「２・３・５歳児で家族ごっこをし、３歳児・５歳児が役割やストーリーを考え、２歳児はペット役になり、そのペットの猫のまねが上手だったので保育者がほめると、全員が猫になってものまね大会となった（Ⅰ106）」などである。異年齢で一緒にいる子どもたちは、互いに相手の年齢を意識しながら動いているようであった。異年齢同士ではごっこ遊びがよくなされていたが、共通理解も共有もなされやすいのだろうと思われる。異年齢の集団に対して保育者は、見守る姿勢が多かった。

　筆者は、０〜５歳児が混じる異年齢の人間関係の調査（石川, 2016）を行ったが、子どもたちは異年齢であっても互いに相手をよく見ており、とくに年齢の低い子が年齢の高い子のもっている物や行為をよく見ていた。模倣も、０〜２歳の子どもに、年齢の高い子をまねる行為が見られた。異年齢集団では、低年齢児であっても相手にふれたり、物を渡したりもらったりなどの行為をしていたが、３歳を過ぎた子は低年齢児に声や言葉をかけるようになっていた。また４歳を過ぎると、誰に言われるともなく、自分より年齢の低い子どもに玩具の使い方などを「やってみせる」ようになっていた。このような事例を見ていると、誰かに自分の知っていることを教えたり、分かち与えたりするという行為、広い意味での社会性を、私たちはもともともっているのではないかと思われた。

　また、０〜２歳児の模倣行為の調査（石川, 2019）も行った。たとえば、「１歳児が滑り台の上からスコップで砂を流すのを見て、０歳児がまねて手で砂を流すまねをしていた。１歳児２人で、さまざまな色の紙が入っているコップにジュースが入っているつもりで、何度も乾杯し飲むふりをした」など、低年齢児同士であっても、ふり遊び、イメージ遊びを行っていた。

　また、「２歳児５人が長テーブルで色水遊びをしていて、周囲に１歳児５人がいたが、先生に呼ばれた２歳児がサーッといなくなったとたん、１歳児５人が一斉にそのテーブルに駆け寄り同じ遊びを模倣し始めた」事例もあった。誰の合図があったわけでもないが、１歳児のみんなが年上の子の行動を見つめていたのだろう。さらに、「少し高い段の上で１歳児が先生と２人で手遊びをし、

それが終わり2人ともいなくなると、見ていたひとりの2歳児が、まるで『あ りがとう』というように2人がいたところへ向かってお辞儀をしていた」事例 もあった。子どもはたとえ小さくても、誰に言われなくても、自分にないもの をもっている相手、自分に必要なものをくれる相手に敬意を払い、模倣すると いう性向をもっているといえるのかもしれない。

 ## 第3節 　ふり遊びの援助に向けて

　子どもは、模倣行為をするように生まれてくる。そして、それは単なるまね ではなく、行為の意味を理解したものとなり、1歳半過ぎには、他者の「ふ り」行為の意味を理解し、また実物がなくともそこにイメージをのせて、「ふ り」を行うようになる。その後役割を演じ、他者への共感を示し、友だちとイ メージを共有し、一緒にストーリー作りもしていく。ルールも作り自分たちで それを変えながら楽しむこともできてしまっていた。子どもは、ふり遊びやイ メージ遊びをくり返しながら、イメージ力や思考力など大事なものを大きく育 てていると思われた。

　しかしこれは、子どもは1人ではできない。「ふり」を教えてくれる人、そ の意味を教えてくれる人、演じた役割をほめたり認めたりしてくれる人、そし て、子ども同士のつながりを作ってくれる人の存在が必要である。子どもの周 囲に、さまざまなことを教え合える子どもがいるということも欠かすことがで きない。

　私たちは、日々の子どもとのかかわりのなかで、自分たちが子どもに何を伝 えているのか、これから何を伝えていけばいいのか、発達を見通しながら、常 に意識していかなければならないだろう。今、目の前にいる子どもたちは、人 とは何かということをまざまざと教えてくれている。

(石川　洋子)

【引 用 文 献】

伴碧・内山伊知郎（2012）．18ヶ月児のふり遊びにおける母親のふりシグナル――ふり遊び条件と現実

条件との比較──同志社心理, *59*, 23-29.

Friedman, O., Neary, K.R., Burnstein, C.L., & Leslie, A.M. (2010). Is young children's recognition of pretense metarepresentational or merely behavioral? Evidence from 2-and 3-year-olds'understanding of pretend sounds and speech. *Cognition, 115* (2), 314-319.

石川洋子（2021）．保育者のふり遊びへの関わり──0～2歳児に焦点をあてて── 文教大学教育学部紀要, *55*, 111-121.

石川洋子（2016）．0～5歳児における異年齢児との人間関係の発達的変化──0～2歳児との関わりに焦点を当てて── 文教大学教育学部紀要, *50*, 1 -9 .

石川洋子（2019）．0～2歳児における異年齢児との関わり──模倣に焦点を当てて── 文教大学教育学部紀要, *53*, 29-36.

松本敏治・菊地一文・清野宏樹（2018）．ASDのコミュニケーションにおける意図の問題──意図理解・調整・参照── 植草学園大学研究紀要, *10*, 9 -20.

大塚穂波（2015）．乳幼児期のふり遊び研究の動向と展望 神戸大学大学院人間発達環境学研究科研究紀要, *9*,（1）, 45-55.

Piage, J. (1945). *La formation du symbole chez l'enfant*. Delachaux&Niestlé Neuchâtel.（ピアジェ, Ｊ. 大伴茂（訳）（1967）．遊びの心理学 黎明書房).

高橋たまき（1989）．想像と現実──子供のふり遊びの世界──（pp.15-19） ブレーン出版

辻あゆみ・別府哲（2020）．自閉スペクトラム症幼児におけるふり遊びの発達と支援 岐阜大学教育学部研究報告・人文科学, *68*,（2）, 111-120.

📖 **読者のための図書案内**

＊下山田裕彦・結城敏也編著（1991）．『遊びの思想──遊び理解と人間形成──』川島書店：遊びとは何かということを真正面から論じた本である。人間とは何かという問いに通じるものがあると思われる。このような深い問いをもっていると、流れのはやい時代の目の前のことだけにとらわれずにすむように思う。

＊アナット・バニエル著、伊藤夏子・瀬戸典子訳（2018）．『限界を超える子どもたち──脳・身体・障害への新たなアプローチ』太郎次郎社エディタス：私たちにはまだまだわからないことがたくさんある。そのことを見つめる勇気と、工夫すること、考えること、行動することの意義を教えてくれる本である。

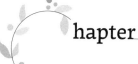

Chapter 2

子どものこころと
体の調整力を育む身体活動

子どもの体力低下は国民的関心事であり、戸外での活動、主体的かつ多様な動きの経験、健康や安全への生活習慣作り、家庭・学校・地域の連携をはじめ、仲間との対話や協同など広範囲にわたる向上策が就学前教育から講じられる。ここで、なぜ子ども期に身体を動かすことと、健康・体力はもとより知育や徳育の側面が結びつけられるのか、自明なようで未解明の謎が残る。本章では、動くこと（運動）と考えること（認知）のつながりを考える上で、子どもが内界と外界の環境と相互的に関わる「調整力」に着目し、その背後で働く実行機能の役割を仮定する。身体活動と心理社会的側面に関わる実証研究をふまえながら、「動きのなかで考える」についてあらたな視点から接近を試みる。

 第1節 │ 子どもの調整力について

1．子どもの体力の現状について

　人間固有の特性は、直立二足歩行による移動運動の獲得、手指の精緻な操作と道具使用、言語発達、および知的発達にあり、生涯にわたって自律的な生活を営む上で個々人に適合した体力水準を保持・増進することは、私たちがヒトであることの自己証明であるともいえる。幼少年期は神経系の発達を基盤として、知的・体力的・情緒的にめざましい発達を遂げる。とくに体力的な側面においては基本的運動技能とともに「調整力」の発達が著しく、これを土台として後の専門的運動技能の発達につながっていく。しかし、運動能力を反映する体力テスト得点については握力や投能力をはじめ、「6歳から19歳の体力・運動能力の年次推移の傾向は、昭和60年頃と比べ、依然低い水準」と分析され（スポーツ庁，2015）、子どもの体力および身体活動量の向上策が施される。基本

的動作の未習熟が指摘される幼児期については（日本学術会議，2017）、これまでに幼児期運動指針が公表され、習得が期待される「基本的な動き」の実践的な取り組みが提示された。本章では幼少年期の「調整力」の育ちと学びという古くて新しいテーマの研究動向を概観しながら今後を展望する。

2．基本的運動技能と調整力

　幼少年期にはめざましい運動発達が遂げられ、「基本的運動技能」の習得とともに多様な動きの獲得とその後の専門的な運動発達に方向づけられるよう移動系（体を移動させる動き）、操作系（対象を操作する動き）、そして平衡系（体のバランスをとる動き）から成る動作の習得が望まれる。基本的運動技能の習得には3つの段階があり、2〜3歳頃は未熟な初期段階、4〜5歳のその定着が認められる初歩段階、6〜7歳の基本的動作が成人水準に近づく段階に区分される。

　体力は身体的要素と心理的要素に大別され、両者とも行動体力と防衛体力から構成される。身体的要素に含まれる行動体力は体格と姿勢が構造となり、その機能は筋力、敏捷性、平衡性・協応性、持久性、および柔軟性から成る。このうち、運動協調能力、協調性、巧緻性、運動制御能力などと呼ばれる能力は、調整力と同義語といえるが（松浦，1998）、明確な定義ではなかったため、調整力は研究者ごとに意味づけされてきた（石河他，1987）。猪飼（1972）は、「調整力とは、神経と筋肉との関係で神経が主にコントロールしている。そのコントロールの方法は、（1）筋肉の強さの調節（grading）、（2）筋肉の空間的調節（spacing）、（3）筋肉の時間的調節（timing）の3つに分けられる」と定義した。また体育科学センター（1973）は、「調整力とは、心理的要素を含んだ動きを規定するphysical resourcesである」と定義し、その訳語を「coordination and integration of human movement」（石河ら，1987）とした。上述のように、調整力とは人間の動き（動作）を力量的、空間的、時間的に調節する体力の一要素であり、そこには心理的要素（感覚、注意、認知、動機づけ）が含まれる。

　松浦（1998）によると、4〜9歳までの幼児および児童を対象に調整力の因子構造について検討した結果、全標本において見出された調整力因子は（1）全身調整力と知的能力の発達、（2）感覚との協応を含む調整力、（3）知的能

力の発達、(4) 下肢の調整力、(5) 手の調整力の5因子であった。調整力には、すべての運動パターンに共通して関与する一般調整力と呼ばれるような要素はなく、おのおのの運動パターンの成就に必要な調整力がある、と説明された。

　男児では知的能力の発達が全身調整力と手の調整力とに結合されて因子を構成しているが、女児では知的能力は別の因子として抽出されている点で、調整力の因子構造における性差を示した。つまり、女児は男児と比して、運動成就の能力と知的能力の発達がより分化していることを示唆する。

　上記した調整力の5因子と発達的変化について、感覚と協応、下肢、および手の3つの調整力因子については、発達に伴う変化が少なく、4歳時でその成就率が75％以上で、9歳で80〜100％に達していることから、4歳時にすでに成熟度合いが高く、その前の段階が発達における重要な時期ではないか、と示唆されている。これに対して、全身調整力と知的発達の2因子は、4〜9歳の時期において年齢増加に伴う成就率の増加が顕著なことから、身体各部位の調整力の発達を基盤として、全身を調整する能力の発達が促される時期だと推察された。幼児期と児童期中期以降では調整力の性質が異なり、幼児期から児童期前期（4〜7歳）までは、成就可能な運動パターン数の増加という量的変化で特徴づけられるが、それ以後はその質的な発達（力強さ、速さ、巧みさ等）に調整力は貢献するが、その関与は筋力や敏捷性をはじめとする基本的運動技能の関与より少ない。

 第2節　子どもの身体活動による心理社会的恩恵およびその介入効果

1. 子どもの心身発達への恩恵

　ティモンズら（2007）は、幼児（2〜5歳児）を対象にした運動（遊び）の心理・社会的恩恵に関する研究について、幼児期の有能感の高さが実際の運動の成就と密接につながること、仲間との成就の相対的な比較も有能感の源泉となること、有能感の形成には信頼できる大人からの評価が影響すること、子どもは有能感をさまざまな体験を通じ形成するとともに、遊びを通じた総合的な学びと密接に関連すること、そして有能感の形成には自律的なふるまいを認める

雰囲気作りが求められること、と概観した。この「恩恵」を享受するために期待される指導者のかかわりとして、自我の芽生えまたはその未分化な年代における望ましい発達を見守りながら、運動（遊び）にとどまらず、多様かつ直接的な体験を通じて成功−失敗体験を試行錯誤的にくり返しつつ、幼児個々における有能感を育んでいくことが期待される。

　児童・生徒期の子どもに及ぼす身体活動の恩恵に関して、ストロングら（2005）の包括的なレビューによると、①過体重・肥満傾向の改善、②呼吸循環器系の機能改善、③骨格や筋力の向上、④不安傾向や抑うつの改善、自己概念や有能感の向上、そして⑤学業成績への貢献、が見出された。この時期に積極的に体を動かすことと内面的な成長との関連性について次のように考察した。第1に、気分・感情および自己概念や有能感の改善に関しては、いかなる身体活動をどの強度で行うかによって効果が変動するゆえ、より専門的な運動技能が向上する発達期だが、発達課題（自律性、規律性、仲間関係）と対応づけ、運動を楽しみ、達成感を実感でき、価値をおける活動内容を工夫する必要がある。自己概念や有能感に対してその恩恵をもたらす活動内容は、有酸素運動もしくはそれに体力づくり運動の組み合わせ（筋力または柔軟性を高める運動）、ダンスなどと指摘されている。自己設定した目標に継続して取り組むこと、また同じ課題を協同的に取り組むこと、専門性が高まる時期だが、広く多様な動きを経験することが有能感の獲得につながると示唆される。第2に、学業成績への恩恵に関しては興味深い結果だが、解釈には慎重を期する。まず、傾向として正課体育の授業時間増は学業成績に若干の上昇をもたらすこと、またそれに伴うほかの主要教科の時数減を生じても、必ずしも成績低下の原因とはならないこと、さらに所定の時間内での作業成績を高めること、が明らかとなった。その後のドネリーら（2016）の総説によると、全体的に身体活動量の高さは、①認知的技能と授業態度、②学習習慣、そして③学業成績と関連性を示す成果と有効性を認めないものがほぼ半数存在し、負の貢献を認めたものが数％であった。この結果はストロングらの見解より慎重で、必ずしも身体活動が学業成績との間の直接的な成果をもたらさないが、身体活動が学業成績を低下させる可能性は少ないこと、を示唆する。身体活動による心理的恩恵については、その機序

の説明は未解明だが、学校生活適応における認知技能、運動技能、社会情動（非認知）スキル、すなわち知・徳・体の一体的かつ相補的な関連性を示唆する。

2．基本的運動技能への介入効果

　子どもの体力・運動能力の具体的な指標である基本的運動技能（Fundamental Movement Skills）の向上は、身体活動量の増大につながる。学校体育を中心とした介入はその改善にいかなる効果があるのか、また基本的な動きなどの側面に効果が及ぶのかについて関心が集まる。ローガンら（2012）の総説では、介入によって対象（用具・器具）操作と移動運動への改善効果を認めたが、予想に反して介入時の活動時間の長さは改善量の大きさと関連しなかったゆえ、幼少期の体育の拠点においては、子どもの身体発育に資するよう、「計画された」全身運動に関わるプログラムの実施が必要だと述べられた。ただし、幼児期の運動（遊び）には、構造化され（過ぎ）た活動は、子どもの遊びや発達への自発的な関わり合いを損なうと危惧されるゆえ注意を要する。

　バーネットら（2016）は、3〜18歳までの幼児・青少年期の運動能力に関連する要因をレビューした。ここで測定された運動能力は、対象操作、移動運動、平衡性、調整力、そして多様な動きであった。全体的に、この運動能力の発達には、加齢、適正体重、男児、社会経済的背景、が一貫した貢献要因であった。各下位運動能力について、男児については対象操作と調整力が貢献しており、以後の発達期での介入実践への留意点となる。また、男児において身体活動量の高さは多様なスキルと調整力の高さに貢献しており、不確定ではあるが対象操作は移動能力よりも身体活動と体力増進への積極さを予測した。加齢とともに身体活動や健康行動への取り組みには個人差が大きくなるが、発達期の幼児・児童生徒に対して利用可能な道具の操作や多様な動きを主体的または協同的に調整する動きは、身体活動と体力の向上をもたらす。

　全般的に、身体活動により基本的運動技能に含まれる対象操作と移動運動の技能に一貫した貢献が認められる。ヒトの存在証明として、動くことは、行動範囲の拡大や相互交流、そして道具の操作に寄与するとともに、考えることの基盤となるのかもしれない。調整力自体の報告は少ないが、テスト得点上の成

就として顕在化しなくとも、多様な運動パターンを獲得することにより、子ども個々に内在的な変化を潜在すると解釈される（宮丸, 2009）。幼児期から児童期初期にかけては、体力要素、または心身の側面が未分化かつ団塊的ゆえ、適切な活動量を設定し、多様な動きを通じて基本的な動きとその調整力を刺激し培う必要性がある。指導や支援においては、表面的な活発さや成就に左右されず、発達の原則に沿って、個々人の運動発達の個別性と潜在力を洞察し、基本的な動きの保障と専門的運動技能への発達を方向づける環境、すなわち足場（発達の最近接領域における支援）を設定する必要がある。

第3節 ｜ こころと体の調整力を育む実行機能の役割

1. 身体活動と認知機能の関連性について

　基本的動作の習得への継続的な取り組みは、体力・運動能力への直接的な発達を促すとともに、各発達期の心理社会的発達にも直接・間接の関連性を及ぼすと示唆される。たとえばルーバンスら（2010）は、幼少年期の身体活動量と基本的運動技能がその後の発達期（3〜18歳）の心身に及ぼす影響について、その有能さは7つの恩恵（自己概念、身体的有能感、全身持久力、筋力、体格、柔軟性、生活習慣）をもたらす、と報告した。身体活動と認知機能の関連性を説明する機序は未解明だが、認知技能と運動技能の連関が推測され（Jacob & Jeannerod, 2005）、実行機能（Executive Functions）が鍵概念となると仮定される。実行機能とは、「複雑な課題の遂行に際し、抑制機能、認知的柔軟性、または情報更新などが機能することで、思考や行動を制御する認知システム、あるいはそれらの認知制御機能の総称であり、とくに新しい行動パターンの促進や、非慣習的な状況における行動の最適化に重要な役割を果たし、人間の目標志向的な行動を支える」と定義される（森口, 2008）。実行機能と社会性等の合目的的な行動との関連性については、定型的な社会生活におけるふるまいとの共通性も高いゆえ、たとえば筆記具操作等の微細運動技能と実行機能が関連し、またその狭義の学習スキルや学習習慣が、学校集団生活における「適応力」「社会性」と関連性をもつ。したがって、比較的短時間の、条件と反応が明確な場で、他者

との相互作用のなかで「自律性」「模倣」「共感性」「協同性」などの向社会性が求められる時、上述の認知技能と運動技能が連関する可能性がある。このメタファーとして、対象操作技能におけるキャッチボールで求められる認知機能が、対話や協同、思いやりなどの向社会的行動で求められるそれと共通性が仮定され、説明要因として実行機能が有力視される（Westendorpら，2014）。

　ヒルマンらの総説（2008）では、身体活動（有酸素運動）による実行機能をはじめとする認知機能への有効性を検討したところ、その効果は各発達期と認知機能で認められ、子ども期では4〜7歳と11〜13歳での効果がその他世代（8〜10歳と14〜18歳）と比して大きかった。その機序は不明だが、脳機能の生物学的基盤による説明が試みられている。1つの解釈として、高次の脳機能活動が動員され、合目的的な行動のための認知的な機能が働くこと、またその認知活動が健康関連指標の向上のみならず、認知技能や社会性の側面との関連性も示唆されること、が提案されている。

　ところでバーカーら（2014）は、幼児が自由遊び中心の活動に主体的に関わる時間が長いほど、自発的な実行機能をより発達させることを示唆した。この機能は複数のカテゴリーのなかから解答を探索・選択する課題で測られた。活動に対して「子どもらしい」時間を過ごした者ほど、満足を遅延（自制）させ、注意を焦点づけ、そして場面に柔軟に対応するため、より内外の環境に対して相互的かつ主体的に関わるため、自発性が反映される実行機能がより活性化される、と説明された。一定の基本的な動きの習得にはある程度構造化されたプログラムが必要だが、子どもの個性や主体性（子どもなり）を尊重した活動が、この発達期の「遊び込み」を促すことで心身両面での育ちを支えるのだろう。

2．多様な動きの体験とこころの発達を支える実行機能の役割

　筆者は、幼児期の調整力の発達と心理社会的発達の関係性を説明する上で実行機能の役割について検討するため、調査参加に同意を得た244名の幼児を対象として、養育環境、調整力、心理社会的発達、および実行機能の各要因の間の関連性について探索的に検討を試みた（高井，2018）。

　養育環境と本研究で焦点を当てる3要因との関連性について相関分析により

関連性を検討した。その結果、まず調整力については「体験の対話」、「読み聞かせ」、「関心の共有」、「身辺の自立」、「共食」、「家での役割」と関連性が認められた。次に、心理社会的発達については、「体験の対話」、「学習環境」、「読み聞かせ」、「共食」と関連性が認められた。さらに実行機能については、「子ども目線での自律性支援」、「主体的な学びの支援」、「学習環境」、「家での役割」、「話題の共有」、「学びの過程の支援」と関連していた。したがって、幼児期の調整力、心理社会性発達、そして実行機能の高さには、養育環境における「応答性」、「学びへの肯定感」、「主体性の尊重」、「自律性と自律に向けた支援」、「役割意識」、「達成への過程を尊重」といった日々の働きかけが背景にあると示唆された。

上述した心理社会的発達を説明する調整力と実行機能の役割に関する仮説モデルを設定し、全調査参加者を対象に解析した結果の概要を記す（図2−1参照、図中の数値は各性別と各年齢の β 係数、および説明率）。まず、調整力から心理社会的発達へのパス係数（直接効果）は β =.67で、次に実行機能から心理社会的発達へのパス係数（直接効果）は β =.34となり、また調整力と実行機能の間のパス係数は β =.54であった。さらに、調整力から実行機能を介した心理社会的発達へのパス係数（間接効果）は.18（.54×.34=.18）であった。最後に、説明率（R^2）は.73であった。これより、養育環境、子どもの活動量、親の運動（遊び）実施が背景要因となり、幼児の調整力が向上すること、さらに幼児期の調整力発達に伴う心と体そして内外の環境との相互の関わり合いにより実行機能が活性化すること、さらに調整力と実行の相互的な発達により心理社会的発達が促される、と示唆された。

調整力と実行機能の間にはいずれの年齢区分および性別でも有意なパス係数が認められ、年長児の

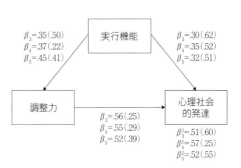

**図2−1　心理社会的発達を支える
調整力と実行機能の役割**（高井, 2018）
β：標準偏回帰係数（各3〜5歳児：括弧内は女児の値）

値がほかと比して高い傾向にあった。また、男児においては、発達に伴い両要因間のパス係数が微増する傾向が認められた。調整力の向上に対する実行機能の役割について次に考察する。年長児に成長するに伴い、複合的な動き、目的に応じた動き、仲間と協調した動き、またルールに応じた動き、が発達する。この内外の環境との相互作用において、幼児においては自制や認知的柔軟性が引き出され、その基盤として作業記憶の機能の高まりが生ずると推察される。この発達期に、こころと体は未分化であるが一体的な発達を基盤とし、内外の環境との相互作用を通じてコンピタンス（有能感）が育まれる。その意味で、比較的自由な運動（遊び）環境において、自律的かつ内発的に遊び（運動課題）と関わりながら、内外の環境と相互作用することは、認知と動きの連関を活性化させる、と示唆される。この自他の相互作用において、子どもの認知過程では五官からの感覚、動き、イメージ、さらに記号（言語）化のマッチングが生じ、そのパターン増大と洗練化が「基本的な動き」の習熟につながるだろう。

　多様な動きを経験し、そこで試行錯誤して、自分の身体や道具、仲間と相互作用することで子どもの内面には何が生じているのだろうか？　ここで示唆となる発達現象として「スケールエラー」（scale error：DeLoache JS et al., 2004；森口, 2012）の観点から解釈を試みる。これはたとえば玩具遊びの際、幼児が自分の身体に対して著しく不釣り合いな対象に、自身の身体をあてはめようとする現象である。この時、操作対象と実際の行動との間で相互作用する表象（motor representation）が活性化しており、経験を積み重ねるなかで、実在の環境と自身の身体や動きを適応的に調整するようになる。ここでは、表象は計画、実行、評価までを含むこととする。この表象と行動の相互作用の調整は、発達とともに実行機能の働きが向上するため、具体的には抑制や注意の焦点化、認知的柔軟性が高まることで、可能になると説明される。一方、本研究における調整力と心理社会的発達の両面においても、実行機能が主要因となり、内外の環境の相互作用のなかで、より合目的的な行動をとるよう認知的制御、すなわち実行機能が働く、と推測される。なお、認知と運動の両技能間連関について、「より正確に、より速く」の表面上の実行と達成にとらわれることなく、心身の一体性を再認識した上でそこに至るまでの試行錯誤や失敗といったこころと体が

相互に揺さぶられる遊び込みの体験がより重要となることは言うまでもない。

　以上、本章では幼少年期に求められる体力の側面として調整力に着目し、その定義、発達差等の特徴、心身発達への恩恵と介入可能性を概観しつつ、主体的な運動（遊び）から育まれる心身の調整力には実行機能がなんらかの役割を果たしているのではないかと予想し検証を試みてきた。なぜ体を動かすことと知情意の発達が関連するのかの解明には今後も検証が必要であるが、動き続けること、関わり続けること、そしてそれらの足場作りが遠いようで最も確実な歩みのようだ。

（髙井　和夫）

（付記）本研究は文部科学省科学研究費補助金（課題番号：18700510、24500708）の配分を受けて行われ、関連する報告内容を再構成して記述された。研究への支援と調査参加へのご協力に記して深謝申し上げる。

【引 用 文 献】

Barker, J. E., et al. (2014). Less-structured time in children's daily lives predicts self-directed executive functioning. *Frontiers in Psychology, 5* (593), 1-16.

Barnett, L. M., et al. (2016). Correlates of gross motor competence in children and adolescents: A Systematic Review and Meta-Analysis. *Sport Medicine 46* (11), 1663-1688.

Donnelly, J.E., et al. (2016). Physical Activity, Fitness, Cognitive Function, and Academic Achievement in Children: A Systematic Review. *Medicine Science Sports and Exercise, 48* (6), 1197-1222.

DeLoache, J. S., et al. (2004). Scale errors offer evidence for a perception-action dissociation early in life. *Science, 304* (5673), 1027-1029.

Hillman, C. H., et al. (2008). Be smart, exercise your heart: exercise effects on brain and cognition. *Nature Reviews Neuroscience, 9*, 58-65.

猪飼道夫（1972）．調整力──その生理学的考察──体育の科学，*22*，5-10.

石河利寛，他（1987）．調整力に関する研究成果のまとめ　体育科学，*15*，75-87.

Jacob, P., & Jeannerod, M. (2005). The motor theory of social cognition. *Trends Cognitive Sciences, 9*, 21-25.

Logan, S. W., et al. (2012). Getting the fundamentals of movement: a meta-analysis of the effectiveness of motor skill interventions in children. *Child:care, health and development, 38* (3), 305-315.

Lubans, D. R., et al. (2010). Fundamental movement skills in children and adolescents: review of associated health benefits. *Sport Medicine, 40* (12), 1019-1035.

松浦義行（1998）．調整力について（体育科学センター第4回公開講演会要旨，昭和51年6月5日）．

体育科学, *27*, 137-146.

宮丸凱史（2009）．たかが子どもの動き，されど子どもの動き．幼児の教育, *108*, 8-13.

森口佑介（2008）．就学前期における実行機能の発達．心理学評論, *51* (3), 447-459.

森口佑介（2012）．わたしを律するわたし──子どもの抑制機能の発達──京都大学学術出版会

日本学術会議（2017）．提言　子どもの動きの健全な育成を目指して──基本的動作が危ない──

スポーツ庁（2012）．幼児期運動指針

スポーツ庁（2015）．平成26年度体力・運動能力調査報告書

Strong, W. B., et al. (2005). Evidence based physical activity for school-age youth. *The Journal of Pediatrics, 146* (6), 732-737.

体育科学センター（1973）．体育科学センター事業概覧

高井和夫（2018）．子どものこころと体の調整力を支える実行機能の役割．生活科学研究, *40*, 83-93.

Timmons, B. W., et al. (2007). Physical activity for preschool children: how much and how?. *Applied Physiology, Nutrition, and Metabolism, 32*, S122-S134.

Westendorp, M., et al. (2014). Effect of a ball skill intervention on children's ball skills and cognitive functions. *Medicine and Science in Sports and Exercise, 46* (2), 414-422.

📖 読者のための図書案内

＊澤江幸則他（編）（2014）.〈身体〉に関する発達支援のユニバーサルデザイン　金子書房：各発達期における〈身体〉における運動・情動がどのような発達的変容を遂げていくのか、その可能性とともに支援のあらたな視点を提供している。本書の第11章「彩られる〈身体〉──社会性に埋め込まれた運動協応の発達」は、示唆に富む。

＊森口佑介（2021）．子どもの発達格差──将来を左右する要因は何か──PHP研究所：子どもの育ちと学びにおける非認知機能の役割が注目されるなか、アタッチメント、実行機能、向社会性、他者理解の視点から、子どもの能力の支援について実証研究に基づきながらも簡要な筆致で読者を理解に導く。

＊発達148（2016年10月25日）運動発達をめぐる最前線──赤ちゃん学からひも解く運動の意味── ミネルヴァ書房：日常的な「動き」について乳児期の発達研究を中心に最新の知見にふれることで、「動くことの意味」への問いと未知の「発達」の世界の理解へ誘う。

3

小中学生の歌唱における「音痴」意識
学年差・性差に着目して

　「音痴」は単なる俗語である。それにもかかわらず、音程を合わせられないことを中心に一般的には「音痴」だと認識され、「『音痴』は治らない」と、あたかも生まれもっての能力のようにとらえられている。筆者は「音痴」について、とくに歌唱者自身の認知（内的フィードバック）に着目した研究を行っているが、音高・音程を合わせて歌うことは、適切な学習により習得できる歌唱技能であることが明らかである。しかし実際には、子どもの頃から自分のことを「音痴」だと思っている人は多い。そこで本章では、児童生徒を対象に行った質問紙調査の分析を通して、子どもの「音痴」意識の実態に迫りたい。

第1節　問題の所在

　日本の多くの中学校では、校内合唱コンクールなどの歌唱活動がさかんに行われている。合唱活動では、他者と声を合わせて歌い、ひとりで歌う時とは異なるダイナミックさ、ハーモニーの美しさを味わう喜びが得られる。加えて、クラス全体で練習を重ねて本番に至るプロセスは、学級経営上の効果も期待できるであろう。

　しかし、小学校教員養成課程に在籍する大学生を対象に行った歌唱に関する意識調査では、「自分自身を『音痴』だと思いますか？」という質問に対して、2000年は45.9％、2013年も45.0％の学生が自分自身を「音痴」だと思っているという結果であった（小畑，2007, 2018）。さらに、「音痴」意識を有する学生がその意識をもち始めた時期は、「中学生の頃」がもっとも多いことがわかった。過去を回顧して回答してもらった結果ではあるが、中学校でこれほど合唱活動がさかんに行われているにもかかわらず、自分の歌声を「音痴」だと思うきっ

かけの多くが中学生の頃にあり、その意識は大学生になっても続いているのである。

　一方、2016年に公立Ａ中学校の全生徒318名を対象に行った意識調査でも、「非常に『音痴』だと思う」に11.0％、「少々『音痴』だと思う」に36.8％の生徒が回答しており、合計47.8％、約半数の生徒が自分自身を「音痴」だと思っていることが明らかとなった（小畑, 2019）。これらの結果からは、歌唱指導の際に表出されている歌声のみではとらえきれない、歌唱者としての中学生自身の意識に目を向ける必要性があることがわかる。

　中学校の調査結果からは、次の課題が示唆された。第１に、Ａ中学校での調査結果が、Ａ中学校だけにみられる特徴であるのか、他の中学校でもみられる傾向であるのかを検証すること。第２に、中学１年次ですでに46.6％の生徒が自身を「音痴」だと思っているという結果から、中学校入学前にどのくらいの児童が「音痴」意識をもっているのかを調査することである。さらに、音楽科教員の中には、男子が自身を「音痴」だと思う理由について、変声を理由として考えている教員が少なからずいる。しかし、実際に変声が直接の理由かどうかも不明である。

　そこで著者は、対象範囲を小学校高学年から中学校３年までに広げ、1098名を対象に質問紙調査を行った。本章では、「音痴」意識についての質問紙の結果の分析を通して、「音痴」意識の学年差、性差、また「音痴」意識と変声との関連を中心に検討を行う。

第2節　│　質問紙調査について

① 実施日：2017年11月
② 対象者：千葉県・宮城県の国公立小中学校９校（小学２校、中学７校）の児童生徒1098名
③ 実施方法：小学校では、千葉県、宮城県２校の音楽専科教員に依頼し、５、６年全クラスの児童、計418名を対象に実施した。中学校では、千葉県、宮城県７校の音楽科教員に、１〜３年の各学年１クラス、計３クラスを

抽出してもらい、合計680名を対象に実施した。抽出の基準については、「合唱コンクールや通常の授業の様子などから、音楽科教員から見て歌唱技能においてその学年の中間、平均的なクラスを対象とする」ように依頼した。児童生徒には、成績に関係しないこと、また統計的に処理され、個人を特定するものではないことを周知した上で、質問紙調査を実施した。なお、本研究は「宮城教育大学ヒトを対象とする研究に関する倫理委員会」の承認を得て実施した。

表3-1　学年・性別の人数内訳（名）

学年	男子	女子	計
小学5年生	107	112	219
小学6年生	100	99	199
中学1年生	117	112	229
中学2年生	112	107	219
中学3年生	128	104	232
計	564	534	1098

④ 質問項目：

---

① 全児童生徒対象の質問
　あなた自身、自分を「音痴」だと思いますか？
　あてはまるもの1つに〇をつけてください。
　　1．非常に「音痴」　2．少々「音痴」
　　3．ほとんど「音痴」ではない　4．「音痴」ではない
　（児童を対象とした質問紙では、「非常に」を「とても」、「少々」を「少し」と表記した）

② 中学3年生対象の質問
　いつ頃から自分自身を「音痴」だと思うようになりましたか？
　1つに〇をつけてください。
　　1．保育園・幼稚園　2．小学校（　年生のころ）　3．中学校（　年生のころ）

③ 男子対象の質問
　あなたの変声（声変わり）の時期について答えてください
　最もあてはまるもの1つだけに〇をつけてください。
　　1．すでに変声期を終えたと思う　2．現在変声中だと思う
　　3．まだ変声期に入っていないと思う　4．わからない

第3節 結果と考察

1.「音痴」意識

（1）小学生と中学生の比較

小学生（高学年）、中学生のそれぞれの結果を、図3－1に示す。

まず、小学生については、「自分自身を『音痴』だと思いますか？」という質問に対して、「非常に『音痴』」に8.1％、「少々『音痴』」に25.8％、合計33.9％の児童が、自分を「音痴」だと思っていた。すなわち、小学校の高学年の段階で、すでに3割の児童が「音痴」意識をもっていることが明らかになった。

次に中学生では、「非常に『音痴』」に10.9％、「少々『音痴』」に39.3％、合計50.2％の生徒が自分自身を「音痴」だと思っていた。2016年に実施したA中学校の結果よりも、自分のことを「音痴」だと思う生徒の割合が若干上回っているが、A中学校の結果と同様に、今回の調査からも、中学生の半数が自分自身を「音痴」だと思っていることが明らかとなった。この小学生と中学生の結果をみると、中学生の方が「音痴」意識をもつ生徒が多く、カイ二乗検定で比較したところ、0.1％以下の有意差がみられた（χ^2=33.07, df=3, p<.001）。

（2）学年別による比較：男子

小学5年から中学3年までの男子564名の学年別の結果を、図3－2に示す。

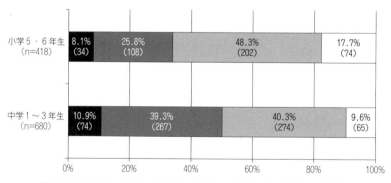

図3－1　質問「あなた自身、自分を『音痴』だと思いますか？」（校種別）

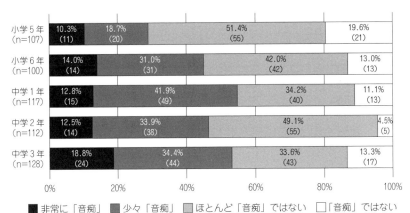

	非常に「音痴」	少々「音痴」	ほとんど「音痴」ではない	「音痴」ではない
小学5年 (n=107)	10.3% (11)	18.7% (20)	51.4% (55)	19.6% (21)
小学6年 (n=100)	14.0% (14)	31.0% (31)	42.0% (42)	13.0% (13)
中学1年 (n=117)	12.8% (15)	41.9% (49)	34.2% (40)	11.1% (13)
中学2年 (n=112)	12.5% (14)	33.9% (38)	49.1% (55)	4.5% (5)
中学3年 (n=128)	18.8% (24)	34.4% (44)	33.6% (43)	13.3% (17)

■ 非常に「音痴」　■ 少々「音痴」　□ ほとんど「音痴」ではない　□ 「音痴」ではない

図3－2　質問「あなた自身、自分を『音痴』だと思いますか？」（男子：学年別）

　男子を学年間で比較すると、中学2年と3年の間で、自分のことを「非常に『音痴』」もしくは「少々『音痴』」と思う生徒の割合が、46.4％から53.2％へと増加するだけでなく、反対に「『音痴』ではない」と思う生徒の割合も増えている。この学年間でカイ二乗検定を行った結果、5％以下の有意差がみられた（χ^2=10.06, df=3, p<.05）。他の学年間では、5％以下の有意差がみられなかった。

（3）学年別による比較：女子

　小学5年から中学3年までの女子534名の学年別の結果を、図3－3に示す。

　女子を学年間で比較すると、小学5年と6年との間で、「非常に『音痴』」もしくは「少々『音痴』」に回答した児童の割合が、22.3％から41.5％へと倍増している。この学年間をカイ二乗検定で比較してみると、5％以下の有意差がみられた（χ^2=10.25, df=3, p<.05）。他の隣接する学年間では、5％以下の有意差がみられなかった。

　この時期はまさに女子の第二次性徴の時期と重なる。卜部（2017）は、女子が思春期になると、自分自身を肯定的にとらえる感情が低下するとともに、否定的にとらえる感情が強くなることを指摘している。また男女ともに、小学5年生よりも6年生の方が自己肯定感が低いという結果も報告されいる（久芳ら，2006）。小学校高学年の歌唱指導においては、男子の変声期の取り扱いに留意

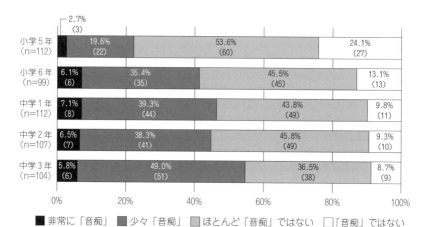

図3-3　質問「あなた自身、自分を『音痴』だと思いますか？」（女子：学年別）

することは広く認識されているが、本調査結果からは、小学校高学年の女子の
歌唱指導についても、かなり配慮が必要であることがわかる。

2．「音痴」意識をもち始めた時期

　中学3年生232名（男子128名、女子104名）を対象に行った「いつ頃から自分自
身を『音痴』だと思うようになりましたか？」という質問に対する回答を、男
女別に図3-4に示す。

　男子の回答数は、小学校低学年から徐々に増加し、もっとも多いのは「中学
1年」の23名である。一方女子については、小学校低学年から中学年にかけて
増加し、「小学5・6年」の時と回答した16名がもっとも多い。

　図3-3で示した通り、女子の小学5年から6年の時期に、「音痴」意識を
もつ児童の割合が著しく増えるという結果に加え、ここからも、女子について
は、小学校高学年時に著しい変化があることが明らかである。

3．変声との関連

　男子の変声と「音痴」意識との関連について分析を行うために、まず現在、
変声中であるかどうかを、小学5年から中学3年までの男子（有効回答数559名）

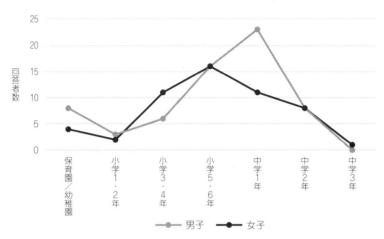

図3－4　自分自身を「音痴」だと思い始めた時期（男女別）

に回答してもらった結果が、図3－5である。

　この結果はあくまで本人の認識であるが、「変声前」と回答した児童生徒についてみてみると、小学5年では50.9%、約半数が「変声前」と回答し、小学6年になると47.0%とやや減少し、さらに中学1年になると19.1%と、急激に減る。

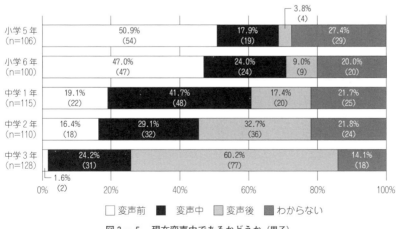

図3－5　現在変声中であるかどうか（男子）

一方、「変声中」と回答した割合がもっとも多いのが、中学１年である。本調査を実施したのは11月だが、中学１年生の11月の時点では、変声中であると自覚する生徒が他の学年よりも多い。また、「変声を終えた」割合は、中学１年から２年、２年から３年にかけて、それぞれ倍増している。

　一般的に、中学生の男子の「音痴」意識については、変声を理由にされることが少なくない。もしそうであるならば、この調査では、小学６年から中学１年にかけて、「音痴」意識をもつ生徒が倍増するという仮説が成り立つ。しかし、先ほどの「音痴」意識を問うた学年別の結果では、小学６年から中学１年にかけての有意差はみられなかった。

　変声と「音痴」意識との関連について、さらに詳しくみるために、「変声前」「変声中」「変声後」「わからない」のそれぞれに回答した男子の「音痴」意識の割合を示した結果が、図３－６である。

　「非常に『音痴』だと思う」または「少々『音痴』だと思う」と回答した児童生徒の割合は、「変声前」から「変声中」、「変声後」になると徐々に高くなるが、「変声中」の児童生徒だけ「音痴」意識をもつ割合が高いわけではない。このそれぞれのグループ間でカイ二乗検定を行った結果、５％以下の有意差はみられなかった。

　次に、「わからない」の回答も含めて、すべてのグループ間でカイ二乗検定

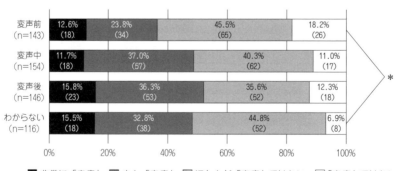

$*p<.0.5$

図３－６　変声期と本人の「音痴」意識との関連

　　第３章　小中学生の歌唱における「音痴」意識

を行った結果、「変声前」と「わからない」との間でのみ５％以下の有意差が
みられたが（χ²=8.48, df=3, p<.05）、その他の組みあわせでは、５％以下の有意差
はみられなかった。

　小畑（2019）のＡ中学校での調査においても、変声と「音痴」意識との関連
はみられなかったが、今回の結果からも、男子が「音痴」意識をもつ直接の原
因として「変声」を理由にすることは妥当ではないことが示唆される。ただし、
質的にさまざまな生徒が混在しているとも考えられる。たとえば、変声前に自
分のことを「音痴」だと思っていた児童生徒にとっては、変声中に「変声だか
ら『音痴』ではない」と慰められても、変声後も状態が変わらなければ、「や
っぱり『音痴』」だと思ってしまうケースもあろう。逆に、変声前は「音痴」
だと思っていなかった生徒が、変声中に発声をコントロールできなくなったこ
とから「音痴」だと思い、変声後に再び「音痴ではない」と思うようになった
ケースも推察できる。児童生徒が自分のことを「音痴」だと思うのは、他者か
らの評価であったり、他者との比較であったり、歌唱中の内的フィードバック
ができなかったりなどさまざまな要因が考えられる。

 第４節 ｜ 児童生徒自身の意識に目を向けた歌唱指導の必要性

　本調査結果からは、小学校高学年では３割の児童が、さらに中学校では５割
の生徒が、自分自身を「音痴」だと思っていることが明らかとなった。また、
学年別の比較、「音痴」意識をもち始めた時期についての結果からは、とくに
小学５年から６年にかけての女子について、表出された歌声だけで判断するの
ではなく、児童の内面、具体的には、自己意識や社会性を含めて、とらえてい
く必要性が示された。

　さらに、男子の変声と本人の「音痴」意識との関連については、「変声前」
「変声中」「変声後」との間で、有意差はみられなかった。すなわち、男子の歌
唱指導においても、「『音痴』と感じる原因」を変声と単純に結びつけるのでは
なく、より歌唱者の意識に目を向ける必要があると考える。児童生徒が本当の
意味で主体的に歌唱活動に関わるためには、歌唱者としての児童生徒自身の意

識に目を向けながらの歌唱指導が必要であるといえよう。

　今後の課題として、それぞれの子どもの学年が上がるにつれて、歌唱に対するどのような意識の変化が起きているのか、中学生を対象とした３年間の縦断的な調査を行い、より詳細な分析を行っていきたい。

（小畑　千尋）

（謝辞）本調査を実施するにあたりご協力いただいた小・中学校の先生方ならびに児童生徒の皆様に、心より感謝申し上げます。

【引 用 文 献】

卜部明（2017）. 児童後期から思春期における自尊感情の発達的変化と性差　学校メンタルヘルス，20，79-84.

小畑千尋（2007）.「音痴」克服の指導に関する実践的研究　多賀出版

小畑千尋（2018）. 大学生の歌唱における『音痴』意識──2000年と2013年の比較を中心として──　宮城教育大学紀要，52，171-179.

小畑千尋（2019）. 中学生の歌唱における「音痴」意識──質問紙による実態調査を通して──　宮城教育大学紀要，53，201-209.

久芳美惠子・齊藤真沙美・小林正幸（2006）. 小学生の自己肯定感と人とのかかわりとの関連について　東京女子体育大学・東京女子体育短期大学紀要』41，13-24.

📖 読者のための図書案内

＊小畑千尋（2015）. オンチは誰がつくるのか──オンチ克服への第一歩──パブラボ：オンチは確実に克服できるのだ。どうすればオンチを克服できるのかまで、今までの研究やレッスン事例から解説し、特許を取得した指導技能をもとにした具体的なトレーニング方法についても紹介している。

＊小畑千尋（2017）. さらば！　オンチ・コンプレックス：〈OBATA METHOD〉によるオンチ克服指導法──ユキ＆ケンと一緒に学ぼう！──　教育芸術社：歌いながら自身の音程を認知する「内的フィードバック」能力を高める技能と心の両面でサポートするオンチ克服指導法〈OBATA METHOD〉について、マンガと会話文でまとめた、読みやすく、指導に役立つ一冊である。

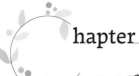

Chapter 4

不登校支援を再考する

　私は子どものこころや行動がどのように発達していくのかについて興味関心をもち、心理学的に研究をしている。また心理職として、教育・医療・福祉の現場で、子どもやその家族の支援にも携わっている。支援を必要としている子どもたちと関わっていると、その背景には子ども自身の特徴だけでなく、周囲の環境が強く影響していることがわかる。つまり子どもの教育・支援に携わる際には、子どもたちがどのように発達していくのか、そしてそれを取り巻く環境がどのように関連しているのかを十分に理解する必要がある。本章では、教育現場において支援が必要とされる状態の1つである不登校を取り上げ、その理解と支援について実践報告も含めて紹介する。

 第1節 ┃ 不登校をどうとらえるか

1．不登校のとらえ方の移り変わり

　「不登校」が日本で話題となったのは1950年代である。当時は「神経症的登校拒否（佐藤，1959）」や「学校恐怖症（鷲見ら，1960）」のように心の病気というとらえ方がなされていた。文部省（現在の文部科学省）も調査のなかで、心理的理由などから登校を嫌って長期欠席するという「学校ぎらい」や、なんらかの心理的、情緒的な要因により、客観的に妥当な理由が見出されないまま、児童生徒が登校しない、あるいはしたくともできない状態にあるという「登校拒否」という言葉を用いていた。しかし、一口に子どもが学校に行けないといっても、その状態や背景（たとえば、いじめや家庭内暴力など）はさまざまであることが徐々に明らかになった。さらに文部省（1992）が「学校不適応対策調査研究協力者会議」報告書のなかで、背景の多様さにふれるとともに、「どの子どもにも起こりうるものである」と示したことで、特定の要因を思い起こさせることのない「不登校」という言葉が一般的なものとなった。

現在では、「不登校」は1992年の「学校不適応対策調査研究協力者会議」報告書をもととして「何らかの心理的、情緒的、身体的、あるいは社会的要因・背景により、児童生徒が登校しないあるいはしたくともできない状況にある者（ただし、「病気」や「経済的理由」、「新型コロナウイルスの感染回避」による者を除く。）」と定義される（文部科学省，2022a）。そして、不登校はどの子どもにも起こりうるものであり、その子ども自身のみに原因を求め、学校に行けないことを問題とするのではなく、その子どもを取り巻く状況や環境と子どもとの相互作用としてとらえるべきであると考えられている。

2．不登校の要因とはどのようなものか

　そもそも学校生活に適応が難しい状態や問題行動は、ただ1つの要因によって引き起こされるということはなく、複数の要因が組み合わさって生じている。たとえば藤原（2018）は問題行動の背景として、①本人の要因、②学校の要因、③家庭環境の要因、④社会的要因をあげている。つまり、子どもの適応が難しい状況や問題行動を理解・支援する場合には、多くの要因が複雑に絡み合っているという視点を忘れてはならない。

　この視点は不登校の要因や背景を考える際にも同様である。文部科学省（2016）も「不登校児童生徒への支援に関する最終報告」のなかで、「不登校となる要因や直接的なきっかけは様々であり、また、不登校状態が継続すれば、時間の経過とともに不登校の要因は変化し、また、学習の遅れや生活リズムの乱れなどの要因も加わることで解消の困難度が増し、ますます学校に復帰しづらくなる。」とその要因や背景の多様さにふれ、「『不登校のきっかけ』や『不登校の継続理由』などの不登校となる要因を的確に把握し、早期に、丁寧に、その要因を解消することが不登校児童生徒への支援を推進していく上で必要不可欠である。」としている。なお、学校に対する調査の結果（文部科学省，2022b）では、不登校の要因でもっとも多いものは「無気力・不安（小学生49.7%、中学生49.7%）」であり、次いで小学生が「親子の関わり方（13.2%）」、中学生が「いじめを除く友人関係をめぐる問題（11.5%）」であった。また不登校児童生徒およびその保護者を対象とした調査の結果（文部科学省，2021）では、「最初に学校

にいきづらいと感じたきっかけ」として、小学生は「先生のこと（29.7％）」、「身体の不調（26.5％）」、「生活リズムの乱れ（25.7％）」が、中学生は「身体の不調（32.6％）」、「勉強が分からない（27.6％）」、「先生のこと（27.5％）」が多い一方で、「きっかけが何なのか自分でもよくわからない（小学生25.5％、中学生22.9％）」という回答も一定数見られた。小中学生の時期は目まぐるしく発達する時期であることからも、「不登校」の状態や要因をひとくくりにすることは難しい。さらに発達の途中であるという子どもの特徴のため、子ども自身も理由がとらえられなかったり、とらえられたとしても言葉にするのが難しかったりするということがあると考えられる。

　不登校の理解と支援に向けて、私たちは子どもの発達の道筋の理解も含めて、さまざまな視点をもって臨む必要があることがあらためて確認できる。

 ## 第2節　不登校の子どもたちをどう支援するか

1．不登校支援の移り変わり

　不登校の子どもたちへの支援が本格的に始まったのは、不登校を「どの子どもにも起こりうるものである」ととらえ、自立を促すことが重要であるとした先述の「学校不適応対策調査研究協力者会議」報告書（文部省，1992）がきっかけである。この報告書を受けて、不登校の子どもたちの学校外の居場所となる教育支援センター（適応指導教室）の設置が全国的に求められたり、学校以外の機関へ出席した場合に一定の条件はあるものの指導要録上出席扱いとなったりなどの施策が示された。学校復帰が前提でありながらも、それのみを目標としないという支援の方向性が明示されたのである。

　さらに文部科学省（2016）が「不登校に関する調査研究者会議」最終報告書のなかで、「不登校児童生徒への支援の目標は、児童生徒が将来的に精神的にも経済的にも自立し、豊かな人生を送れるよう、その社会的自立に向けて支援することである。」という現在につながる支援の視点を示し、同年度にわが国ではじめての、主に不登校を対象とした法律である「義務教育の段階における普通教育に相当する教育の機会の確保等に関する法律（教育機会確保法）」が公

布・施行された。この法律では、教育基本法および児童の権利に関する条約等の趣旨にのっとり、子どもたちが学校内外で、個別の状況に応じた適切な支援を受けられることが明示された。そのために、国や地方公共団体に対して、すべての子どもに対する支援に必要な措置を講ずること、不登校特例校および教育支援センターの整備並びにそれらにおける教育の充実等に必要な措置を講ずることや、学校以外の場での多様で適切な学習活動の重要性を前提に、個々の休養の必要性をふまえ、子どもたちに情報の提供等の支援に必要な措置を講ずることなどが求められた。こうしたなかで、文部科学省（2019a）は「不登校児童生徒への支援の在り方について（通知）」において、①魅力あるよりよい学校づくりを目指すほか、児童生徒の学習状況等に応じた指導・配慮を実施するなどの予防的な取り組み、②多職種で連携協力する組織的な支援体制の整備、③子どもの状況に応じた、教育支援センター、不登校特例校、民間施設、ICTを活用した学習支援などの多様な教育機会の確保といった「学校などの取組の充実」、および④教員の質の向上、⑤子どもだけでなく、保護者も支援する体制の整備などの「教育委員会の取組の充実」を示した。つまり現状において不登校支援は、学校復帰を前提とせず、子どもが社会のなかで自立して生きていくための力をつける場を状況に応じて選択できるように、社会全体で多様に支援していくことを目指していると言える。

　このように支援の移り変わりを確認すると、教育支援センターの重要性をみてとることができる。教育支援センターは、「不登校児童生徒等に対する指導を行うために教育委員会及び首長部局が、教育センター等学校以外の場所や学校の余裕教室等において、学校生活への復帰を支援するため、児童生徒の在籍校と連携をとりつつ、個別カウンセリング、集団での指導、教科指導等を組織的、計画的に行う組織として設置したものをいう。」とされている（文部科学省, 2019b）。教育支援センターでは、学校や他機関との連携も含めて、子どもやその家族に対する支援を充実させている。さらに近年、通室を望む子どもだけでなく、通室を望まない子どもに対する支援も求められるようになっている。通室を望まない子どもに対する支援方法の1つとしてアウトリーチがある。アウトリーチとは訪問支援のことであり、支援を必要とする対象者のところへ支援

者が出向いていき、必要な支援を届けるという方法である。この方法は、精神障害や引きこもりの支援において注目され、活用されるようになっており、不登校の子どもたちを対象とした実践や研究も進められている。

2．学校心理学の視点から不登校支援を整理する

　教育現場における支援について、学校心理学が１つの視点を提供している。学校心理学は、心理学と学校教育の知見を融合することを目指す、心理教育的援助サービスの理論と実践を支える学問体系である（学校心理士認定運営機構, 2020）。この心理教育的援助サービスとは、一人ひとりの子どもの問題状況の解決や危機状況への対応を援助し、子どもの成長を促進することを目指した教育活動である（石隈, 1999）。心理教育的援助サービスは、対象となるすべての子どもに確実に援助を届けるために、子どもの援助ニーズに応じて３段階に分類されている（表４−１）。この学校心理学の視点をふまえて、不登校の子どもに対する支援を整理すると表４−１のようになる。

　現在不登校への支援は、子どもの状況に応じて、子どもが社会において自分らしく自立して生きていけるように、複数の機関が連携しながら多様な支援を展開していくことが求められている。教育者・支援者およびその養成校は、その支援の多様性を理解し、個人の知識・技能を高めるとともに、他者・他機関と連携するために必要な力の獲得を目指すことも必須である。

 第３節 │ 不登校支援の実際：アウトリーチ支援事業に着目して

　本節では、著者が学生とともに携わった不登校支援について報告をする。具体的には、2019年度より文教大学所在地の近隣市（埼玉県吉川市：以下、Ｙ市）で開始されたアウトリーチ支援事業（以下、本事業）の取り組みについて報告する。なお、文教大学は教育者・支援者を育成するという性格を有するため、地域における取り組みへの参加が教育者を目指す学生に及ぼす影響についても示し、教育者・支援者の養成校としての広義の支援についても可能性を考察する。

表 4 − 1　学校心理学の視点からの不登校支援

3段階の援助サービス	具体的な不登校支援
1次的援助サービス 対　象：すべての子ども 支援者：教員が中心（学校全体で取り組む）	【問題を予防するアプローチ＋適応を促進するアプローチ】 ・わかりやすい授業づくり（子どもの特徴、集団の特徴をふまえ、指導法をふり返り、考える） ・居心地のよい学級づくり（集団の特徴を活かした学級／安心感を感じられる学級／子ども・保護者との信頼関係のある学級を目指す）
2次的援助サービス 対　象：苦戦している一部の子ども 支援者：教員、学校内の専門職、保護者	【問題状況を早期に発見し、問題状況のアセスメントを行いながら取り組む適宜援助】 ・子どもの困難を早期に発見し、必要な手立てを講じる（学習方法、仲間関係など）
3次的援助サービス 対　象：特別なニーズのある特定の子ども 支援者：その子どもにかかわるチーム	【学校内外の支援者チームと行う、丁寧なアセスメントに基づいた援助】 ・学校内外の居場所（保健室、学校内の相談室、教育支援センター、フリースクール等）の確保（必要に応じた情報提供と連携） ・生活そのものの充実や成長に焦点を当てた生活リズムの作り直し ・ICTを活用した学習機会・学習方法の提供 ・アウトリーチ支援　　　　　・保護者支援　　　　など

1．アウトリーチ支援事業の概要

（1）事業開始に至る経緯と事業の目的

　Y市では、不登校児童生徒に対する多様な学びの視点から、教育支援センター（以下、センター）へ通室できない児童生徒に対し支援が必要であると考え、2019年度よりアウトリーチの手法を用いた支援を開始した。本事業は、さまざまな理由で登校しぶりや不登校となり、家庭に引きこもりがち、または引きこもっている児童生徒に対して、児童生徒と年齢の近い大学生が定期的に家庭訪問をし、児童生徒への個別の状況に応じた支援を行うことを目的としている。

（2）2022年度現在の事業体制

　本事業では、市内における教育・福祉・医療分野が連携する不登校支援の一環として、不登校児童生徒、不登校傾向の児童生徒、センターへ通室している児童生徒のなかで本事業の利用を希望する者に、家庭訪問や個別面談などを通

じて、児童生徒本人が安心して支援者である学生との関係性を築くことができるよう活動を行い、その活動のなかで児童生徒本人が自己肯定感を高め、自己選択ができるような力を身につけることを目指した支援を行っている。

活動する学生については有償ボランティアであり、年度はじめに開催される市職員による説明会に参加した上で、ボランティア登録し、児童生徒とのマッチングが完了した時点で活動が開始される。活動中には市主催の研修会（年1、2回）や大学教員・ゼミ主催の学内研修会（年3、4回）が開催される。また、センター職員や大学教員が、必要に応じて面談などの活動学生のフォローアップを行っている。活動の様子は、記録表で適宜、所属校へ報告しており、必要に応じ関係機関との連携のなかでも共有することとしている。

（3）不登校実態と本事業利用実態

Y市の不登校児童生徒の実態と本事業利用実態は以下の表4－2の通りである。4年間でアウトリーチ利用者の延べ数は32名であり、本事業は一定のニーズのある活動であることがわかる。

（4）支援状況と成果

本事業の支援状況と成果について教育委員会提供資料（2020年度から2022年度分：延べ利用者25名）より概観する。

まず活動開始時期については、6月から12月となっている。子ども・家庭の都合によるキャンセルや学校復帰などの特段の事情がなければ、申し込み年度の2、3月まで継続支援を行う。なかには、子ども・家族の体調不良などで実際に会うことが難しい場合もあるため、そのような場合は学生が書いた手紙を渡すなどの活動を実施している。主な活動場所は、センター10名、家庭10名、学校（相談室など）3名、センターおよび家庭1名であり、活動場所の決定には家族の状況や意思が強く反映している。主な活動としては、趣味の活動をする、話をする、散歩をするなどの子どもが希望する活動が10名、日常的な会話をし

表4－2　不登校の実態と本事業利用実態

	2018	2019	2020	2021	2022
不登校児童数	16	19	25	33	41
不登校生徒数	87	75	86	91	140
アウトリーチ利用者数		7	8	9	8

※2022年度は12月末日現在の数値

表4－3　アウトリーチ支援事業を通した子どもの変化（職員による複数回答）

主な変化	人数	主な変化	人数
楽しみ・楽しい時間	7	自己表出（自身の解放，気持ちの整理）	4
外にでるきっかけ・通室／通学の増加	10	コミュニケーション力の向上	2
進学・勉強への意欲	5	信頼感（精神的支え・安心感）	2
体力づくり	1	自信の獲得	1
ロールモデルの獲得	1	自己決定力の醸造	1

がらの学習支援が9名であった。体調不良や転校、子ども・家族の意思による中断も6名いた。活動内容は、子どもと学生とのやりとりのなかで決めていく場合と、家族の意向による場合とがある。

　本事業の成果として子どもの変化を示す。教育委員会提供資料にある子どもの変化をまとめると表4－3の通りとなる。二宮（2017）はひきこもりに対するアウトリーチの分類として、①危機介入、②情報収集、③家族関係の触媒、④関係づくり、⑤モデル提供をあげ、とくに④関係づくりに力点が置かれるとしている。本事業においても、関係づくりというアプローチがとられた結果、楽しみ・楽しい時間（7名）、自己表出（4名）、信頼感（2名）につながり、外に出るきっかけ・通室／通学回数の増加、進学・勉強への意欲（5名）、コミュニケーション力の向上（2名）、自信の獲得（1名）、自己決定力の醸造（1名）という子どもの変化につながったと考えられる。

2．アウトリーチ支援事業が参加学生に及ぼす影響

　次に本事業が参加した学生に与える影響を明らかにすることを目的とした検討の結果を報告する。この検討では、本事業への参加を通した、学生の教育・支援に対する意識の変容や将来の目標の変化のプロセスを取り上げた。なお詳細は桑原ら（印刷中）にて報告している。

（1）検討の方法：対象とデータ収集・分析方法

　検討の対象は、本事業に参加した教育者を目指す大学生5名とし、90～120分の半構造化面接を対象者ごとに行った。面接では、不登校や支援に対するイメージおよびその変化、また本事業参加中の経験、行動、意識、感情について

尋ねた。本検討は変化のプロセスに焦点を当てて分析することがねらいであったため、心理学における質的研究法の1つである複線径路・等至性モデル（Trajectory Equifinality Model：TEM）を援用した分析を行った。TEMは、研究者が関心をもった経験を等至点（異なる経路をたどりながらも誰もが等しく到達する通過点）として、人がそこに行き着くプロセスは複数あると想定し、その等至点に至る径路のあり方を明らかにしようとした手法である（安田・サトウ, 2012）。多くの質的研究方法と異なり、経過する時間のなかでの変容プロセスをとらえることができる方法であり、そのプロセスをTEM図として描き出す。

（2）検討の結果

①不登校および教育・支援に対するイメージとその変化

　対象者の不登校に対する活動前のイメージは"（不登校の子どもは）学校が嫌い、コミュニケーションが苦手"、"（自分が）関わることにおそれがある"などネガティブなものが多く、子どもにその要因を求める対象者が多かったが、実際の子どもたちとのかかわりを通して、"登校している子どもと違いがない"、"（不登校は）選択肢の1つ"などネガティブイメージが払拭され、多様な視点から要因を考えることができるようになっていた。また教育・支援に対するイメージは、活動前は"与える"、"何かをする"などの教育者・支援者主体であったが、活動後は"子ども本人が望むことをする"、"子どもの状況に応じてやることを変えていく"、"一緒に時間を過ごす"など目の前にいる子どもを十分に理解し、そのペースに合わせてかたわらに寄り添いながら子どもが望むことを目指すイメージに変容していた。さらに、支援の多様性に気づき、その理想とする教師像や職業が変化する場合もあった。つまり対象者5名は「支援に対するイメージを変容させた上での進路決定（等至点）」をしていたことになる。

②対象者が等至点に至るプロセス

　各対象者の経験の道筋を示すTEM図を作成し、比較した結果、等至点に至るプロセスは5名の対象者でおおむね一致しており、図4－1の通りであった。

　本事業に参加した対象者は活動開始が決定すると、大学で得たカウンセリングの知識・スキル、支援に対するイメージに基づいて、みずからで試行錯誤するという行動をとっていた。その行動が子どもの変化につながり、対象者によ

っては不登校イメージの変容につながった。一方でもともと形成していた支援に対するイメージを背景として、活動開始序盤から"自分の存在は友だちと変わらないのではないか"、"自分に何ができているのか"、"問題解決的なアプローチをすべきではないか"などの葛藤を経験することとなった。そしてすべての対象者は、社会的責任や個人の考えに後押しされ、葛藤や迷いを抱えながらも活動を続け、葛藤や迷いに対して直接的にアプローチすることを選択し、多様な気づきを得ることで、教育・支援に対するイメージを変容させていくことが明らかになった。さらにそのイメージの変容により、目指す職業の選択肢が広がる場合と、目指す職業の変化はなくとも理想とする職業者像（教師像）が変容する場合があることも示された。以上のプロセスを概観すると対象者が、本事業を通して、支援の基本を体感し、獲得していった様子が見て取れる。加えて教育者・支援者として、子どものペースに合わせるだけでなく、状況をふり返り、あらたな目標・工夫を考える姿勢も合わせもつことができたと考えられる。

　このプロセスにおいて特に重要なのは、葛藤・迷いを経験したこと、および葛藤を抱えながらも活動を継続したことであると考えられる。教育者・支援者の養成校としては、学生がもともと形成していたイメージを背景として葛藤・迷いを生じさせたことをふまえ、カリキュラムと照らし合わせながら地域における取り組みへの門戸を開く必要があるだろう。また葛藤や迷いが生じることを前提として、本検討でも葛藤再燃の契機の1つとなっていた学内研修会のような、みずからの経験をふり返り、他者と意見交換ができる機会を設けることや、学生個人の特徴を十分に理解した上での個別的フォローアップを積極的に実施することが求められるだろう。教育者・支援者の養成校として、学内における学びに加えて、地域における取り組みに積極的に参加できる機会を提供すること、それに伴う教育支援を行うことは、その取り組み自体が子どもへの支援となるだけでなく、将来の実践の場において求められる教育・支援を提供できる教育者・支援者を育てるという広義の不登校支援につながると考えられる。

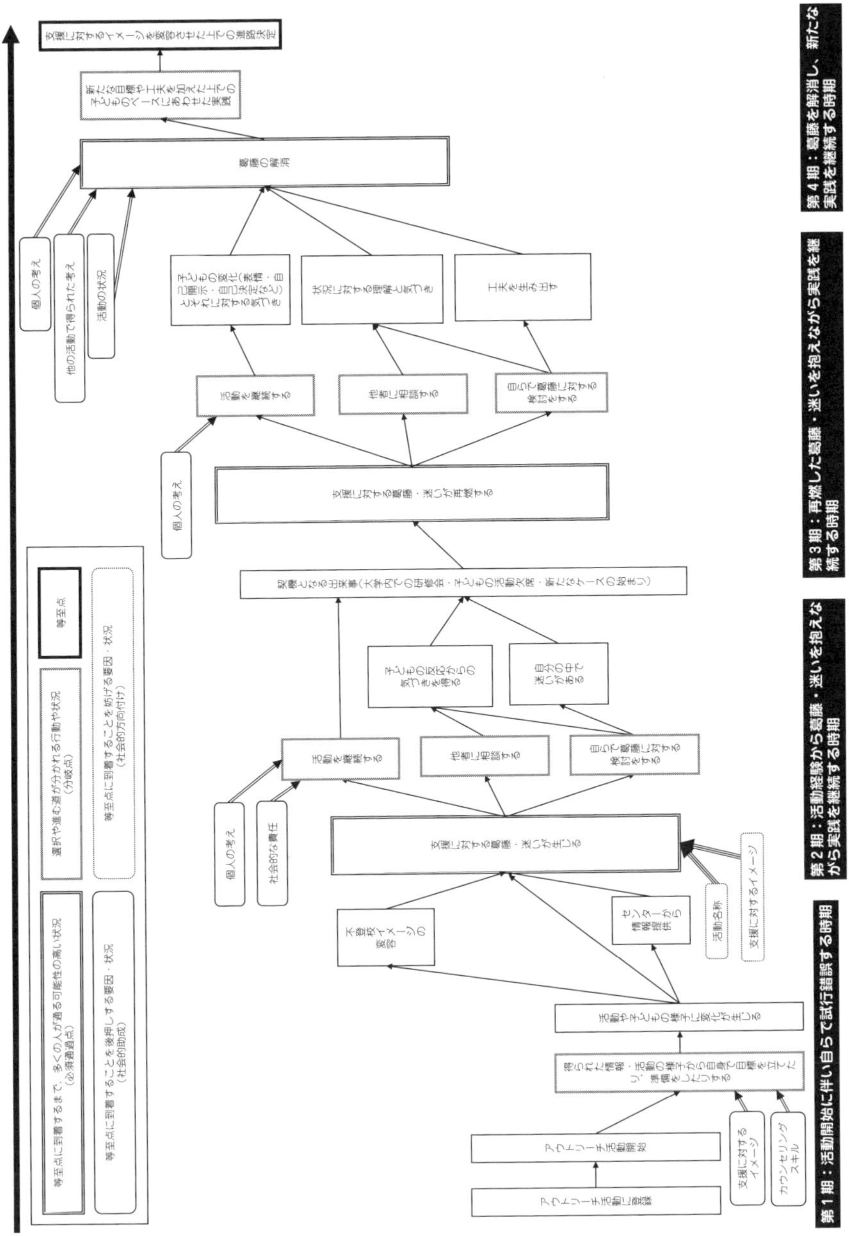

図4−1　アウトリーチ支援事業参加学生の変化のプロセス（TEM図）

第4節 | 本章のまとめ

　本章では、不登校のとらえ方とその支援について概観し、著者が関わった不登校支援について報告をした。近年不登校はそのとらえ方および支援の方向性が大きく変化し、子どもが自分らしく自立して生きていくために、社会全体で多様な支援を提供することを目指している。教育者・支援者およびその養成校は、そうした状況をふまえ、みずからに求められる役割を果たす必要があるだろう。そしてその結果が、子どもたちにとっての効果的な支援となると考える。

(桑原　千明)

【引 用 文 献】

藤原健志（2018）．問題行動と心理的支援　吉田武男（監修）濱口佳和（編）．MINERVAはじめて学ぶ教職5　教育心理学（pp.179-193）　ミネルヴァ書房

学校心理士認定運営機構編（2020）．学校心理学ガイドブック第4版　風間書房

石隈利紀（1999）．学校心理学──教師・スクールカウンセラー・保護者のチームによる心理教育的援助サービス──　誠信書房

桑原千明・宮地さつき・進士有美・木村みのり（印刷中）．不登校児童生徒に対するアウトリーチ支援事業への参加が教育者を目指す大学生へ与える影響──複線経路・等至性モデルを用いた検討──　文教大学教育研究ジャーナル

文部省（1992）．学校不適応対策調査研究協力者会議報告　登校拒否（不登校）問題について──児童生徒の「心の居場所」づくりを目指して──　教育委員会月報, 44（2）, 25-29.

文部科学省（2016）．不登校児童生徒への支援に関する最終報告──一人一人の多様な課題に対応した切れ目のない組織的な支援の推進──

文部科学省（2019a）．不登校児童生徒への支援の在り方について（通知）

文部科学省（2019b）．「教育支援センター（適応指導教室）に関する実態調査」結果
https://www.mext.go.jp/component/a_menu/education/detail/__icsFiles/afieldfile/2019/05/20/1416689_002.pdf（2023年3月14日現在）

文部科学省（2021）．不登校児童生徒の実態把握に関する調査報告書

文部科学省（2022a）．令和2年度「児童生徒の問題行動・不登校等生徒指導上の諸課題に関する調査」結果について　教育委員会月報, 865, 1-6.

文部科学省（2022b）．令和3年度児童生徒の問題行動・不登校等生徒指導上の諸課題に関する調査結果の概要
https://www.mext.go.jp/content/20221021-mxt_jidou02-100002753_2.pdf（2023年3月14日現在）

二宮貴至（2017）．ひきこもりに対するアウトリーチ支援　臨床精神医学, 46（2）, 191-197.

佐藤修策（1959）．神経症的登校拒否行動の研究　岡山県児童相談所紀要, *4*, 1-15.

安田裕子・サトウタツヤ編（2012）．TEMでわかる人生の径路——質的研究の新展開——　誠信書房

鷲見たえ子・玉井収介・小林育子（1960）．学校恐怖症の研究　精神衛生研究, *8*, 27-56.

📖　読者のための図書案内

＊会沢信彦・諸富祥彦・大友秀人（編著）（2020）．『不登校の予防と対応——教育カウンセリングで徹底サポート！——』　図書文化社：教員の立場から不登校の予防と支援の基礎を学ぶことができる。予防のためのグループアプローチやカウンセリング理論に基づいた支援なども数多く紹介されている。

＊伊藤美奈子（監修）（2023）．『「学校」ってなんだ？——不登校について知る本——』Gakken：不登校の原因や支援について、またそもそも学校とは何かについての情報が図鑑のようにまとめられている1冊。コンテンツごとにコンパクトにまとめられているだけでなく、漫画やイラストも多く、親子で情報を得て理解を深めることができる。

＊今村久美（2023）．『NPOカタリバがみんなと作った 不登校——親子のための教科書——』ダイヤモンド社：不登校の支援やその後などについて多様に紹介されている。当事者の視点も含めて、2023年現在の最新の情報も紹介されており、不登校支援におけるヒントを得られる1冊。

Chapter 5

子どもが「うまく生きていく」ための脳育てとは

　現代の子育てにおいて、大人が社会における重要課題であると思い込み腐心するのが、「うまく生きていく」能力を有した人間を育てることである。これは一方で、脳の正常な発達段階を無視した育児や教育がより重要視されやすくなる危険性を孕む。そこで、この章では、発達障害の診断の有無にかかわらず、子どもの脳育てに必要な脳の基礎発達、なかでも睡眠発達の重要性について述べる。

 第1節 「うまく生きていく」ことを強要する育児・教育

　多くの社会生活がルール化され枠が細部まで定められてしまったことで、どんな人間でも一律にその枠内に収まっていることが求められる時代になったといえる。社会をより安全に、そして同調的に保とうとする無言・有言の圧は、たとえば新型コロナウイルス感染症拡大のなかでのマスク着用や外出自粛といった経験により、近年さらに強まっている。

　その、ある種強迫的な社会の要請にこたえるべく、現代に子を育てる大人はなんとかしてわが子を「うまく生きていける」人間に育て上げようと腐心するのである。それは、まだ人間としてのふるまいが身についていない乳幼児期から始まる。時々刻々と変容しその枠を狭めてくる社会の要求にこたえさせようと大人は子どもを時にほめ、時に叱責する「しつけ」に躍起となる。また大人は、社会にヒエラルキーが存在すると信じ、その上層にわが子を送り込むことが「うまく生きていく」ことに直結すると考えて、実は可視化されていない幻想の「教育競争」に極早期から子どもを送り込むのである。これが現代の育児の実態であるように思う。

この社会規範や大人の育児基準の変化とともに生きづらさの度合いを深めているのがいわゆる発達障害の子どもたちである。この「発達障害」という言葉もまた、ごく最近になって社会に認知され始めた単語である。発達障害者の心理機能の適正な発達および円滑な社会生活の促進のために、発達障害の症状の発現後できるだけ早期に発達支援を行うとともに、切れ目なく発達障害者の支援を行うことがとくに重要であることに鑑み、2004年に「発達障害者支援法」がわが国で制定された。この法律において「発達障害」とは、自閉症、アスペルガー症候群その他の広汎性発達障害、学習障害、注意欠陥多動性障害その他これに類する脳機能の障害であって、その症状が通常低年齢において発現するものと定義された。

　これをきっかけとして教育現場では早期発見・早期支援、そして特別支援教育の重要性が認知され、教員への研修が充実し、各校に特別支援教育コーディネーターを配置して幼児期から義務教育への連携と支援体制の構築が行われるようになる。この結果として、2022年度に全国の公立小中学校の児童生徒、約8万8千人を対象に行われた「通常の学級に在籍する特別な教育的支援を必要とする児童生徒に関する調査」（文科省, 2022）においては、特別な支援を要すると教員が考える児童生徒が8.8%と報告されたのである。

　しかしながら世界的にみると、地域・人種によりばらつきはあるが、自閉スペクトラム症（以下ASD）の最近発表されている有病率はおおよそ0.02~1.2%程度である（Chiarotti, 2020）。このことから明らかになるのは、学校現場において、過剰な発達障害の見立てが行われていることである。子どもとは、発達中のヒトであり、その途上で大きな個体差があってしかるべきである。もちろん8.8%のなかには実際に診断のつく発達障害のある子どもも含まれるのであるが、危惧されるのは、もしかすると診断がつけられない、でも大人の設定する「枠」にははまりにくい子どもたちまで「発達障害」という見立てのもとで、ある意味排他的な目線で教員から見られているのではないかということである。

　このような教育現場における発達障害へのセンシティブネス、そして子どもに「うまく生きていく」ことを早期から求める家庭教育、この両者が相まって現代の子どもたちは「早く」「正しく」発達することを常に強要されているよ

うに思える。しかしそもそも、脳科学的な見地から言えば「うまく生きていく」能力、すなわち前頭葉の機能はそれまでの基礎発達を前提に、どんなに早くとも10歳以降にしか自発的に発達し完成しないのである（Durston, 2006）。

　発達においてもっとも重要なのは基礎発達の良し悪しである、という事実をしばしば忘れて、親も教員も育児や教育において基礎よりも応用、すなわち学習・スポーツ・道徳というような社会的人間としての指標を優先してしまう。教育現場に取り入れられた発達障害への知識の増加も相まって、子どもたちの発達のゆがみを見た目で増加させている結果が8.8％の数字のように思える。本章では、実際に診断がつく発達障害の子どもに対しても、診断はつかないが発達のゆがみにより問題行動、不適応行動がみられている子どもに対しても、もう一度丁寧にその発達を見直し、家庭と教育現場が一体となって、脳の育てなおしをすることで、多くの問題が解決しうることをお伝えしたいと思う。

第2節 ｜ 子どもの正常な発達とは

　「発達」という言葉にはいろいろな意味が含まれるが、基本的には「ヒトが生まれてから約18年間を通してその大きさや機能を成長させていくこと」、と考えることができる。大きさに関しては、とくに生後１年間はヒトの一生のなかで身長体重とも大きく変化する時期であり身長は約1.5倍、体重は約３倍に増加する。また、生下時には頭囲が胸囲より大きく１歳頃までは約４頭身である身体バランスも、４歳では約５頭身に、８歳では約６頭身に、そして12〜18歳では７〜８頭身に変化していく（Kliegman, 2011）。

　身体各部の機能については、生下時から順次獲得されていくが、人間の機能の大部分は脳が担っているため、子どもの発達とはほとんどが脳の育ちのことであると考えても間違いではない。正常な発達とは、原始脳→大脳新皮質→前頭葉、の順に脳機能が獲得されることである。最初に獲得されるのは、寝ること、起きること、そして食べることとからだをうまく動かすことを司る原始脳（主に大脳辺縁系、視床、視床下部、中脳、橋、延髄などを指す）の機能である。

　生まれた時には寝たきりで夜も昼も見境なく泣き、ミルクをねだる、つまり

睡眠も食欲も身体の動きもコントロールできない赤ん坊が、しだいに首が座り、お座りをしてはいはいができるようになり、1歳頃になると、朝には目覚め、夜には眠り、そして起きている間に姿勢を維持して体を動かし、食事を3回摂るようになる。同時に、喜怒哀楽を表情や声で表現できるようになる。だいたい生後5年くらいをかけて発達するこの脳は、動物にも必須の生命維持装置である。

次に1歳頃からは、主に大脳新皮質が発達する。言語や微細運動、思考などを司り、いわゆる人間ならではの機能の集約である。この脳は親など大人からの働きかけや小中学校での学習が刺激となり、おおよそ18歳くらいまでに発達する。進化が進んだ動物ほど大きく機能も高度化していて、人間を動物から区別するには大切な脳である。

最後に、10歳以降に完成するのが、前頭葉を使った高次脳機能と呼ばれる機能である。原始脳では喜怒哀楽などの情動が起こるが、成長発達するにつれ、子どもはそれをそのまま行動に反映するのではなく、いったん思考を行うことにより、周囲に配慮したり自身の立場においてもっとも適応する行動を選ぶようになる。いわゆる「自制心」「思いやり」「自尊感情」「克己心」と呼ばれるものは、すべて、前頭葉を使った「人間らしい」脳機能といえる。これらの脳の育ちが順番とバランスを保ちながら得られさえすれば、子どもは段階的に身体の大きさとバランスが変化すると同時に、生活習慣が確立し、言語を使ったコミュニケーションが成立し、家庭や学級のなかでの役割分担がうまくいくようになり、いつもポジティブに物事をとらえて自己肯定感が高まり、最後に相手を思いやりつつ社会のなかで「本当にうまく生きていく」成人ができあがる確率が高くなる。これが、子どもの正常な発達である。

社会のなかで「うまく生きていく」能力は最後の前頭葉が担う部分が大きいが、この発達が十分に促されるためには、それまでの基礎発達、すなわち原始脳→大脳新皮質の良好な発達が前提となる。その基礎発達の鍵を握っているのが、「正しい睡眠」である。

第3節 │ 十分な睡眠時間が脳を育てる

　脳が未熟な状態で生まれた子どもを、学習を含めて立派に社会で活躍する人間に発達させるためには、子どもの脳に発達段階に応じた適切な刺激を、大人がくり返し与えることが重要である。

　発達の初期段階、つまり基礎発達においては、主に大脳辺縁系、視床、視床下部、中脳、橋、延髄などからなる原始脳は、五感（視覚・聴覚・嗅覚・味覚・触覚）から脳に入る刺激をくり返し与えることが発達促進の基本となる。なかでももっとも重要視されるべき刺激は、「太陽のリズムに従う」生活をくり返し視覚から刺激として与えることである。これは、ヒトという昼行性動物（太陽が昇っている間に活動をして、太陽が沈むと眠る動物）の脳を育てる上で必須の環境刺激であり、すなわち、「大人が意識して、子どもに十分な睡眠時間をとらせる生活」ということになる。この生活が確立されてはじめて、ヒトは昼間に食欲が起こり食事をして生命を維持し、自律神経を活性化し環境の変化に合わせられる身体機能を保持する脳を獲得していけるのである。乳幼児期から周囲の大人が自覚をもって子どもに与え続けるべきもっとも大切な役割であるといえる。

　「ネルソン小児科学第19版」によれば、たとえば5歳児に必要な夜間連続睡眠は11時間とされる（Kliegman, 2011）。しかし、わが国で平成22年度に行われた小児保健協会実施の幼児アンケートからは、5歳児の80％以上が21時以降に就寝し、6〜7時に起床しているという結果が得られており、多くの家庭で、幼児に必要な睡眠時間の確保がされていない現状が浮かび上がる（日本小児保健協会, 2011）。同様に、小学生では1日10時間前後、中学生で9時間前後、高校生〜成人期では8時間程度の夜間の連続した睡眠が取れることが理想であるが、わが国の実態はベネッセの2013年の報告で小学生：8時間27分、中学生：7時間19分、高校生：6時間35分となっている（ベネッセ教育総合研究所, 2013）またステップトーらが行った国際比較における17〜30歳の日本人における平均睡眠時間は、6時間12分となっており（Steptoe, 2006）、被験者母体により若干の差異はあるものの、明らかにすべての年齢において、日本人の睡眠時間はその必

要量を満たしていない実態がある。

　原始脳の根幹を担う睡眠リズムの確立は、その後の大脳新皮質や前頭葉の発達の土台となる基礎発達の要である。しかし、生命維持装置である原始脳は、たとえ良好な発達ではないにしても、就学年齢までには一見整ったようにみえるものである。つまり、子どもたちは「起こさなくても太陽が昇れば目覚める」ことがなくても、起こされて学校には遅刻せずに登校するし、「空腹になって朝食を食べる」ことがなくても、促されて朝食を口にするのである。家庭でも学校でもこの「発達のゆがみ」は見過ごされやすいが、これが就学以降の学習意欲や運動能力といった大脳新皮質の発達を阻害する要因になりうること、さらには高学年で完成すべき前頭葉の機能発達にも連鎖していくことを忘れてはならない。発達障害の診断がつく子どもであればその特性は顕著になりやすいし、診断がつかない子どもであっても教員からみて「特別な教育的支援を必要とする児童生徒」にみえやすくなるのである。

第4節 ｜ ペアレンティングの重要性

　先の文科省による、「通常の学級に在籍する特別な教育的支援を必要とする児童生徒に関する調査」において報告された児童生徒は、学習場面において着席できない、他児に暴言暴力をふるう、場をわきまえない、最低限の整理整頓ができない、思いやりの心が見受けられない、などの問題がみられる。このような児童が多く在籍する学級では、運営が困難になる事例なども多く見受けられる。一方、家庭においても「うまく生きていく」しつけが功を奏さず、親や兄弟に暴力をふるう、暴言を吐く、かんしゃくを起こすなどの事例はたしかに増えている。

　もちろん、これらの事例のなかにはいわゆる発達障害、すなわちASDや注意欠如多動症（以下ADHD）という診断名がつくものも当然含まれる。しかし、ここで忘れてはならないのは、ASDやADHDの診断には、先天性の脳の機能障害であることが証明されることが必須であるということである。全世界的にみてもこれら診断のつく発達障害の有病率は増加傾向にはあるものの、到底8.8

％という数値にはなりえない。となると、この数字の差異の裏に、家庭での養育環境の問題が潜んでいるのではないだろうか、と筆者は考えるのである。

　1990年代に、モノアミン神経系に関わる遺伝子のDNA多型を検索することによりうつ病など精神障害や発達障害との関連が多く報告された。たとえばセロトニントランスポーター遺伝子の多型のうち、short alleleを保有する個体はlong alleleを保有するものより不安が高くうつ病になりやすい傾向をもち（Lesch, 1996）、またLL alleleという型を保有するものはADHDになりやすい傾向をもつという報告（Retz, 2008）などである。先天的な脳の機能障害ということを考えると、これらの遺伝子が複合的に関わって、いわゆる発達障害が発症するというセオリーは受け入れられやすいものではあった。

　筆者は1990年はじめより、多型を含めた遺伝子研究に携わりつつ、このようないわゆる発達障害事例を多く診療する機会に恵まれた。20年以上にわたりたくさんの事例の診療にあたってきたなかで、彼らにしばしば認められるのが生活習慣の乱れであり、ゲームなどメディアへの過度な接触習慣であることに気づいた。そして、これらの問題を抱えるASDやADHDの事例に対し、保護者や本人からその家庭生活を詳細に聞き取ることで、彼らの、睡眠を軸とした生活面での問題点を多く見つけた。その上で、それらの問題を改善するアイデアをともに考え、家族ぐるみでの努力を促すことで、薬物療法のみならず、生活改善が子どもの心身や行動の問題解決に有効であるという経験を実践的に積んできた。

　近年、このような発達期の子どもに対しての積極的な家庭介入と支援が、薬物治療や子ども自身に対する行動療法と同程度に重要であるという認識が世界的に認められつつある。なかでも、親をはじめとする養育者が子に与える生活環境をparenting（以下ペアレンティング）と称し、この重要性について研究した論文が多くみられるようになってきた。なかでも、セロトニントランスポーター多型など多型性が報告されている遺伝子の型を、生後すぐの段階で数種類調べることにより、子どもたちの「将来像」リスクを予測し、この子どもを家族ぐるみで長期的に観察していくことで、「遺伝」か「環境」のいずれの影響力が高いかを調べたいくつかの論文が秀逸である。長いものでは15年以上にわた

って子どもの成長とともに形成されてくる性格傾向を分析し、また、同時にペアレンティングを定期的に評価し、それが遺伝子の「型」から予測されるものと一致しているかどうかを検討したのである。2000年代になり、これらの長期研究の結果が報告されだしたが、その結果は驚くべきことにすべて一致していた（Belsky, 2015）。

　生下時に検索した結果、遺伝的な脆弱性がないとされた子どもの場合には、養育者が提供する生活環境、すなわちペアレンティング評価がネガティブであってもポジティブであっても、子どもが成人期まで育った時点での、社会・心理学的評価（ドラッグ使用への考え方や寄付による社会貢献などの規範意識、他人に対する良いふるまい、不安や攻撃性の客観的評価など）には大きく影響しない。一方で、遺伝的な脆弱因子を1個、2個、3個、4個ともつ子どもたちの場合には、この脆弱因子の数が増えるにつれ、親など周囲の大人から受けるペアレンティング（環境や経験）が、成人期の社会・心理学的傾向に大きく影響することが示された。すなわち、ネガティブな環境で育てられると、これら脆弱な子どもたちは因子の数に比例して社会・心理学的評価は悪化するが、他方で、彼らがもしポジティブなペアレンティング環境で育てられた場合には、脆弱因子の数が多い子ほどより大きく良い方向へと社会・心理学的評価が変容したのである。つまり、生まれついての遺伝的な要因は、その後生育する際に養育者から提供されるペアレンティングによって、良くも悪くも振れ幅が大きく変化しうるものである、ということなのである。

　これらの性格傾向に関連する遺伝子がすべて脳に存在するものであることを考えると、ペアレンティングとは、まさに「良い脳の育てかた」そのものであると考えられるということになる。とくに若年者の脳には高い可塑性がある。たとえ遺伝的脆弱性があったとしても、ポジティブな生育環境・ペアレンティングのもとで育ったならば脳の基礎発達は堅牢・盤石になるため、就学以降に教育現場で「教育的支援を必要とする児童生徒」、すなわち発達障害の疑いを指摘される確率が低下するのではないかと考えるのである。

第5節 | 睡眠リズムの確立から始める治療・支援

　筆者は、小児科医としての臨床・基礎研究経験をもとに、既存にない親子支援施設である「子育て科学アクシス」http://www.kk-axis.org/を2014年に立ち上げた。そしてこれまでに、ASDやADHDをはじめとする発達障害・引きこもりやその疑いを教育現場で指摘された児童生徒、不登校の当事者と家族に対して、医療・心理・教育・福祉を包括した支援と介入を実践している。

　ペアレンティングは、直訳すれば「養育・親のやり方」であるが、筆者らはそれを「親（養育者）が子に与える、脳を育てる生活環境」という意味でこの言葉を用いている。

　その具体的な内容としては、以下のようにまとめられる。

・ぶれない生活習慣を確立しくり返す
・双方向で調和がとれたコミュニケーションを行う
・お互いを尊重して協力しあう体制を作る
・ストレスの適切な対処法を共有する
・大人と子どもがお互いに楽しみあう雰囲気を作る
・大人は、ぶれない軸をもつ

　ただ育児というニュアンスではなく、脳を育てる順番とバランスを強く意識して大人が子どもに生活のなかで関わっていくことである。筆者らは長期間にわたり改善傾向がみられない心身症状や問題行動で苦しんできた幼児・小児・そして成人当事者に対して、脳の正しい発達を促すことが第一義的に行われるべきであると考え、実践している。とくに脳の機能的な問題を含んだ障害・疾病に対しては、まずは睡眠・覚醒リズムに着目し、家庭生活に介入して改善を促す指導を行うことから支援を開始する。年齢相当の原始脳における睡眠・覚醒リズムとそれに伴う摂食や自律神経・ホルモン・ストレス受容など各種機能が確立されること、すなわち基礎発達ができてはじめて、大脳新皮質や前頭葉を刺激して発達を促す医学的・心理学的治療の効果が期待できるからである（Belsky, 2015）。

　まずは、「ネルソン小児科学第19版」（Kliegman, 2011）をもとに年齢相応の睡

眠時間を指導し、最低限、これに示される時間マイナス１時間は一晩の夜間睡眠時間として確保することを指導する。幼児期の場合には午睡を必要とする場合もあるが、その場合には午睡は16時までには起きること、夜間睡眠を改善しようと心がける時には、できるだけ１時間内外で起こすようにすることを同時に指導する。また、夜の寝つきが悪い事例では、まずは朝早く起こすことから始めることを指導している。これは、朝分泌されるコルチゾールやセロトニンの分泌量の増加を促し、概日リズムが構築しやすいようにするためである。

　夜はできるだけ就寝時刻直前の入浴は控え、また、テレビやスマホ、ゲームなどからの光刺激を入れないように心がけることを指導する。睡眠時間とともに重要なのが睡眠の質である。とくにASDやADHDをはじめとするいわゆる発達障害の子どもでは、先天的な脳機能障害により睡眠の質が確立されにくいことも多いため、この部分に対しては、簡易睡眠測定計などを用いた睡眠解析を行った上で、改善が必要な事例に対しては薬物治療などを併用する場合もある。

　このような手法により生活改善を行うことにより、就寝時刻、起床時刻、および食事摂取のルーチン化が確立されただけで、多くの事例で心身機能の改善がみられる。脳を育てる生活環境といったペアレンティングの視点から考えると、さらに高次脳の機能としての言語コミュニケーションや認知機能についても、養育者が意識して生活のなかで改善していくことも重要であるため、前述事例においてその一端を紹介した。

❦ 第6節 | 現代の子育てに求められる「正しい知識」とは

　強迫的な「うまく生きていく」ための子育てによって、大人は子どもたちから正しい睡眠習慣を奪い、その結果として発達障害に似た特性をもつ子どもを増やしてしまっている。それにより失われた子どもの正しい睡眠習慣が、結果として発達障害というカテゴリに入るかもしれないと思われる子どもを増やしている。

　子どもを育てることは、脳を育てることである。そしてその脳は決して「賢

く」「優しい」機能がはじめから発達するのではなく、まずは原始脳を形作る
ことから始まるのである。もっとも重要なのは「正しい睡眠」をとることがで
きる脳を育てることである。これが育児に関する「正しい知識」であり、育児
とは、原始脳が育つためにくり返し刺激を入れながら、大人が焦らずゆっくり
と脳の発達を我慢して待つ作業であるといえる。

　そもそも今の多くの大人が信じる昭和的な社会のヒエラルキーは、社会構造
が変容した現代には雲散霧消している、もしくははじめからない、ということ
に大人たちもうすうす勘づき始めている。今育ちつつある子どもたちは大人た
ちが誰も経験したことのない未来社会のなかで、自力で自分の位置を模索し確
立していかなければならないのである。そんな現代において、大人が子どもを
育てる上で与えてあげられるもっとも必要な資質は何かと問われれば、筆者は
迷いなく「どんな環境下でも寝て・起きて・食べて・体を動かせる力、すなわ
ち強固な原始脳の力」であると答える。

（成田　奈緒子）

【引 用 文 献】

Belsky, J. (2015). The upside of vulnerability. *Scientific American Mind, 26* (5), 40-45,.

ベネッセ教育総合研究所（2013）. 第 2 回 放課後の生活時間調査――子どもたちの時間の使い方（意
　　識と実態）速報版――
　　https://berd.benesse.jp/shotouchutou/research/detail1.php?id=4278（2022.12.26現在）

Chiarotti, F., & Venerosi, A. (2020). Epidemiology of Autism Spectrum Disorders: A Review of
　　Worldwide Prevalence Estimates Since 2014. *Brain Sciences, 10* (5), 274.

Durston, S., Davidson, M. C., Tottenham, N., Galvan, A., Spicer, J., Fossella, J. A., & Casey BJ. (2006).
　　A shift from diffuse to focal cortical activity with development. *Developmental Science 9* (1), 1-8.

Kliegman, R. M., Stanton, B. F., St.Geme III, J. W., Schor, N. F., & Behrman, R. E. (2011). *Nelson
　　Textbook of Pediatrics* (19th ed.). W.B. Saunders.

Lesch, K. P., Bengel, D., Heils, A., Sabol, S. Z., et.al, (1996). Association of anxiety-related traits with a
　　polymorphism in the serotonin transporter gene regulatory region. *Science. 274* (5292), 1527-
　　1531.

文部科学省　通常の学級に在籍する特別な教育的支援を必要とする児童生徒に関する調査結果につい
　　て（2022）.
　　chrome-extension://efaidnbmnnnibpcajpcglclefindmkaj/https://www.mext.go.jp/content/
　　20230524-mext-tokubetu01-000026255_01.pdf（2023.11.15現在）

第 5 章　子どもが「うまく生きていく」ための脳育てとは

日本小児保健協会（2011）．平成22年度幼児健康度調査報告
  https://www.jschild.or.jp/wp-content/uploads/2020/10/2010_kenkochousa_%E4%BF%AE%E
  6%AD%A3%E6%B8%88%E8%B5%A4_5_compressed.pdf（2022.12.26現在）
Steptoe, A., Peacey, V., & Wardle, J. (2006). Sleep Duration and Health in Young Adults. *Archives*
  Internal Medicine, 166 (16): 1689-1692.
Retz, W., Freitag, C. M., Retz-Junginger, P., Wenzler, D., et al. (2008). A functional serotonin
  transporter promoter gene polymorphism increases ADHD symptoms in delinquents:
  Interaction with adverse childhood environment. *Psychiatry Research, 158* (2), 123–131.

📖 読者のための図書案内

＊子育て科学アクシス（編）成田奈緒子・上岡勇二（2018）．子どもの脳を発達させるペア
  レンティング・トレーニング――育てにくい子ほどよく伸びる――　合同出版：脳の発達
  理論に基づいた、正しい脳育てのためのペアレンティング、すなわち養育環境について、
  ワークをちりばめてまとめている。
＊成田奈緒子（2023）．発達障害と間違われる子どもたち　青春出版社：近年増えている「発
  達障害」とされる子どもたちのなかにいる、睡眠をはじめとする生活習慣の乱れからくる
  「発達障害もどき」について解説している。

「発達」の諸相

～関連領域における文脈からの問い直し～

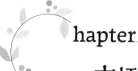

hapter　6

言語・コミュニケーション発達の
様相と大人の役割の重要性

言語・コミュニケーション発達には、人間が生得的に有しているメカニズムだけではなく、身近な大人を中心とした環境による支えが不可欠である。言語・コミュニケーション発達過程を通して、大人は子どもに文化を伝承しており、同時に、子どもの感性や思考を最大限引き出すことも可能である。本章では、言語・コミュニケーション発達過程について学ぶことを通して、人間の発達における言語・コミュニケーションの重要性と、その発達を支える大人の役割について理解したい。

 第1節 | 前言語期のコミュニケーション

　ことばを話し始める前の0歳台の子どもは、さまざまな手段でコミュニケーションを行っている。言葉を獲得する前のコミュニケーションは、「前言語コミュニケーション」あるいは「前言語期」と呼ばれている。

1. 前言語から言語へ

　生後直後からみられるコミュニケーション行動は、身体の状態が契機となる。生後3ヵ月頃までは空腹、眠気、不快等が原因となる「泣き」が多く、生後1ヵ月頃には、「生理的微笑（新生児微笑）」がみられる。人間は、他の動物に比べ、未熟な状態（「生理的早産」）として誕生するため、子どもは生きるために「泣き」によって、養育者の注意を確実に振り向かせ、欲求をかなえてくれるよう働きかける必要がある。昼夜を問わない子どもの泣きの激しさと頻度の多さは、養育者から養育行動を引き出し、相互交渉を行う契機となる。一方で、泣きの激しさは、虐待等の不適切な養育（マルトリートメント）を引き起こす契機にな

ることも少なくない。子どもは、生後1ヵ月頃に満腹になるとほほ笑む「生理的微笑」が生起するが、生後2～3ヵ月頃になると、養育者の働きかけに対して笑ったり（社会的微笑）、声を発したりと、泣き以外の快情動を伴う手段が生起する。その後、4、5ヵ月以降には、喃語を発するようになる。生後6ヵ月頃には、欲しい対象に手を伸ばすリーチングが出現し、10ヵ月頃には、指さしやジェスチャーが出現する。指さしは、さまざまな機能を表す手段として用いられ、初期には、「驚き」、「定位」（あった！）、「再認」（見たことある）、要求（欲しい物を指さす）などがみられる。子どもの指さしを、大人が伝達手段として解釈することを通して、指さしが「伝える」機能をもつようになる。指さしは、発声や視線を伴うことも多い。その後、動作模倣、音声模倣が可能になり、1歳頃に、意味のあることば（有意味語）を表出するようになる。9～10ヵ月以降、子どもは、伝達効果（伝達することにより他者を動かすことができる）を理解するため、伝わらないとあきらめずに伝えるといったことができるようになる。

2．共同注意（Joint Attention）の成立

　9ヵ月以前の子どもは、「自己―他者」（例：顔を見て笑い合う／イナイイナイバー遊び）、「自分―もの」（例：一人で玩具を操作する）という二項関係で世界と関わっている。9ヵ月頃になると、「自己―もの―他者」（例：子どもと母親とともに玩具で遊ぶ）という三項関係を理解する。三項関係が成立する背景に「共同注意」がある。共同注意とは、他者と同じ対象（ものや出来事）に注意を向けることにより、注意や情動を共有する行為である。共同注意には、さまざまな種類がある（表6－1）。

　共同注意が成立すると、身近な大人を通した学習機会が広がる。たとえば、子どもは、見知らぬ人や新奇な出来事に出会った際、養育者の表情によって自分の行動を調整する。養育者が抑うつ状態や情緒的に不安定な状態にある場合、子どもの表情が乏しく、探索行動が少なくなる傾向があることが知られている。この要因には、子どもが他者を手がかりにして環境を理解する共同注意のはたらきも関係している。

　自閉スペクトラム症（ASD）児（社会的相互交渉や言語・コミュニケーションの問題、

表 6 - 1　共同注意の種類

視線の追従	他者の視線を追い、視線の先にある対象を注視する
交互注視	対象と大人を交互に注視する
指さし理解	大人の指さしを注視する
社会的参照	新奇な対象に接した際、大人の表情や行動を手掛かりにして、行動を決定する
Showing	自分が持っている興味のあるものを他者に提示して見せる
Giving	自分が持っている興味のあるものを他者に手渡す
指さし	代表的なものは、要求、叙述（自分の興味のある対象を指さす）、応答（「〇〇はどれ？」という質問に、指さしで応じる）

社会的想像力の困難さを伴う障害）をはじめ、発達初期における共同注意成立の困難さは、保護者にとっての子どもとの「かかわりづらさ」や育児不安につながるリスクがある。上村・小野里（2018）は、保護者のかかわりを調整することにより、ASD児と保護者の共同注意およびコミュニケーション支援を行った結果、共同注意の成立および相互交渉の促進が認めれたことに加え、母親自身が、相互交渉を楽しめるようになったとの報告があった。近年では、このように、共同注意についての支援可能性が指摘されている。

 ## 第2節　語彙意味の獲得

　子どもは、1歳頃から、「マンマ」等の意味のある語を発するようになる。この時期の単語は、文の機能があるかのように使用されるため、「一語文」（one word sentence）と呼ばれる（例：「マンマ」は、「マンマがあった」「マンマ食べたい」など、文脈によってさまざまな意味に使われる）。子どもの生活に密着した語が早期に獲得されるが、初期に獲得される語は、特定の文脈に結びついていることが多い。また、四つ足の動物をすべて「ワンワン」と命名するという意味の拡張（過大般用）や、家で飼っている犬のみを「ワンワン」と呼称する（過小般用）といった特徴がみられることがある。理解語彙の方が表出語彙よりも獲得が先行する。障害のある子どもの多くは、この差が非常に大きいことが多い。理解語彙と表出語彙数の差が顕著なタイプには、構音能力に問題がある子どもや、模倣が少なく、気質的に慎重さが目立つタイプである（Fenson et al., 1994）といっ

た報告がある。

　品詞では、名詞や指示対象のない語（バイバイ等）が早く獲得され、後に動詞を獲得する。名詞の方が獲得しやすい理由の１つは、指示対象に語を対応させる（マッピング）を容易にする「制約」を生得的にもっていることがある。はじめてことばを聞いた場合、その語は、事物の部分ではなく全体を表していると仮定する「事物全体仮説（whole object assumption）」や、新奇な語を聞くと、既知の事物と同じカテゴリーの事物と解釈する「カテゴリー（taxonomic）仮説」、「相互排他性（Mutual Exclusivity）仮説」（１つのカテゴリーの事物には１つだけのラベルが対応する。「りんご」を既知とする子どもが「赤い」とラベルされると、「赤い」とは、りんごの名称ではなく、ほかの属性を表すことばであると理解する）等がそれに当たる（Markman, 1989）。動詞のマッピングが困難な理由としては、①動詞は動作のどの部分を表現しているか判断が困難である、②動詞は、二者の関係（あげる・もらう）が関連するが、発達初期には事物の方が目立つ、③知覚できないものが多い（わかる等）といったことがあげられる。

　障害のある子どもにおいても、名詞に比し、動詞の獲得は困難であるが、支援方法は確立されていない。小野里・小野（2017）は、２名のダウン症児を対象として、生活文脈（調理、ゲーム場面）を用いた動詞の支援を９ヵ月間実施した結果、２名ともに、８語中６語の動詞表出が可能になり、指導以外の場面での使用も認められた。一方で、自発的な動詞表出の困難性等、課題も明らかになり、継続的な検討が必要である。

 第３節 | 語用論の発達：会話とナラティブの発達

　言語・コミュニケーションを分析する視点には、前述した①文法（統語論）、②ことばの意味や語彙（語彙・意味論）、③音声（音韻論）のほかに、④語用論がある。語用論とは、文法等の言語の形式（統語・形態）、内容（意味）だけではなく、文脈や、話者の意図や機能を考慮して、「使用」という側面からことばやコミュニケーションを解釈する視点である。つまり、話し手が何を伝えようとし、聞き手がその時の文脈（場面、話者の表情や態度、話者との関係等）と照らしあ

わせてそれをどのように解釈するかといったことを重視する。語用論は、コミュニケーションの促進が、文法や語彙獲得につながることが期待されるという視点をもち、発達支援に応用しやすい側面がある。

1．発話に含まれる意図の理解

休日、11時に起床した高校生の娘に対して、母親はニヤッとしながら、「まあ早起きね」。母親の言葉を聞いた娘は、怒った表情で「わかったよ。家事やるわよ」。

母親のことばは、字義通りにとらえると賞賛であるが、文脈を考慮すると、「嫌味、皮肉」である。このように、ことばの意味を解釈するためには、発話の意味（**発話行為: locutionary act**）、発話の意図（**発話内行為: Illocutionary act**）、そして、発話によって相手に影響を与える機能（**発話媒介行為: perlocutionary act**）が必要である（Austin, 1962）。

2．会話の発達と関連性理論

会話が成立するためには、「話者交替（turn taking）」、会話のトピックを操作する「トピック操作」、会話の逸脱から回復するための「修復・調整」という３つの機能が必要である（Brinton & Fujiki, 1989）。いずれの機能も、前言語期からその基盤が作られ、話者交替は、発声による原会話やボールのやりとり、「トピック操作」の基盤は、事象を共有する共同注意がその代表例である。一方、「トピック操作」には、話者間における共通の知識も必要である。幼児期における会話の背景には、食事、医者といった、日常的な出来事に関する知識（スクリプト）が関与している（小野里，2010）。

会話においては、双方が積極的に他者の意図を推論することが基盤となる（Sperber & Wilson, 1986）。これは関連性理論と呼ばれる。話し手は聞き手に対し、意図明示的（相手に……だと思わせたい）コミュニケーションを行うことにより、相手の認知環境（特定の個人が関わっている環境）に変化を与え、最小の労力により最大の関連性があるように伝達する。聞き手も、このルールを理解し、積極的に発話意図を解釈することにより、会話が成り立つというものである。これ

らの前提として、相手の発話を解釈する際には、自分と相手の発話、あるいは他者の発話と現在の状況との関連性が最大になるよう、状況を認識する特徴があることが知られている。たとえば、2人の共有状況（相互認知環境）においては、知覚しやすい対象（たとえば、部屋の目覚まし時計の音が突然鳴る）ほど、「顕在性（manifest）」つまり、明確に注目しやすく、かつ、共有しやすくなり、発話解釈における関連性が高くなるとされている。たとえば、次の会話を解釈してみよう。

　太郎：「これからファミレスに行かない?」（①）

　花子：「頭が痛いんだ」（頭を痛そうに押さえる）（②）

　花子は、「頭が痛いので、夕食に行かない」（③）ことを、1つの発話で伝えようとしている。③を言語化して伝達する方法はもっとも効率が悪く、②は最小の労力で「もっとも効率のよい手がかり」を発話している。そして聞き手（太郎）は花子の発話を「もっとも効率のよい手がかり」と信じて推論を行っている。このように、関連性理論は、会話における他者意図の推論の重要性を示している。

3. ナラティブの発達

　ナラティブとは、出来事や事象を語ることを通して意味づける行為である。語られる内容は、自己の体験に基づくパーソナルナラティブ、空想を語るフィクショナルナラティブがある。2歳後半から、過去の出来事をトピックとした発話を理解したり、出来事をともに経験した他者と出来事を語る「共同想起」が可能になったりする。3歳台には、過去形を用いて、「導入」「出来事」「評価」等、ある程度の構造をもつナラティブが可能になる。ナラティブを引き出す母親の問いかけには2つのスタイルがある。2歳を対象とした研究では、子どもから発話を引き出せない場合、同じWH質問を反復するタイプよりも、さまざまな角度から質問をしたり、言い換えたり、子どもの発話を賞賛し、評価していく精緻化タイプの方が効果的であり、子どもが「想起スタイル」を確立しやすくなるため、その影響は数年後にも影響することが指摘されている（Fivush et al., 2006）。子どもは、身近な大人の援助を受けながら過去の出来事をふり返り、経験を整理し、あるいは評価しながら記憶として定着させていくと言える。このような営みは、自伝的記憶（過去の自分についての記憶）にも影響を

与えると考えられている。

母親：「水族館、楽しかったね。大きいお魚さんいたね。」→子：「なんだっけ？」

→母親：「（笑）。ほら、ひろーい水槽で泳いでいたじゃない」→子：「？」

→「母親：「ちょうど餌をたべていたじゃない？」→子：「なんだっけ？」

→母親：「ほら、大きいおててみたいなのを広げて」→子：「あ！エイだ！」

→母親：「そう（笑）！　大きいエイがいたね」

　このように、ナラティブにおいて養育者が果たす役割は大きい。次に、「救急車が通る」という出来事を目撃した2事例の親子を見てみよう。

　A親子（子：8歳）子：「うるさいね」→母：「そうだね。うるさいね」

　B親子（子：2歳）母「ピーポーピーポーだね。誰かお怪我しちゃったのかな」→1年後（子：3歳）　子「ピーポーピーポー。お怪我しちゃった」

　いずれの親子も同じ出来事を経験しているが、焦点の当て方に大きな違いがある。先述したように、経験した出来事は、パソコンのHDDのように、自動的に記憶されるのではなく、語ることを通して出来事が意味づけられていくことがわかるエピソードである。ナラティブとは、経験した出来事について、何を語るのかというトピックの選択や評価が重要であり、そのプロセスのなかで、子どもに、それぞれの文化や価値観が伝えられていくと考えられる。

　障害のある子どもを対象としたナラティブ支援も行われ始めており、特に、「共同想起」は支援として導入しやすい。小野里・高田・西郷（2015）は、ナラティブが困難な自閉スペクトラム症（ASD）児を対象に、調理やゲーム実施後、大人とともに「共同想起」を行うことを通して、自分から出来事を語るようになったこと等を報告している。

 ## 第4節 | 養育者の役割

　これまで述べてきたように、養育者が子どもの行動に敏感に反応することが、ことばやコミュニケーションの発達における「足場づくり（scaffolding）」の役割を果たしている。

　第6章　言語・コミュニケーション発達の様相と大人の役割の重要性

1. 言語獲得支援システム (LASS: language acquisition support system)

人間には、生得的に文法を獲得する「言語獲得装置」(Language Acqisition Device: LAD) が備わっているという説に対し、ブルーナー (Bruner, J., 1983) は、環境、特に養育者側に、言語獲得を促進する要因があるとしている。大人が子どもと行うコミュニケーションは、言語獲得を容易にする特徴があるとして、このかかわり方を「言語獲得支援システム (LASS: language acquisition support system)」と称している。LASSは、言語獲得に関する「装置」が個人内に備わっているとするLADに対し、言語獲得を「支援するシステム」が環境側にあり、人は、社会的相互作用のなかで言語を獲得するという理論である。子どもの言語獲得を促進するために重要な養育者のかかわり方を知ることができれば、言語発達支援への応用が可能であるという点で、この理論は非常に有用であるといえる。

2. CDS (Chile Directed Speech)：子どもに向けられたことば

大人が0〜2歳頃の子どもに語りかけることばは、Baby talk、育児語、マザリーズ (motherese) と呼ばれる。特徴的な発話は母親にかぎらないため、最近では、CDSと呼ばれる。CDSの特徴は、高音域の声、誇張した抑揚、ゆっくり明瞭に話す、子どもの発話の模倣 (拡充模倣)、単純化された音 (例：おばあちゃん→ばあば)、短文、単純な構造 (助詞の省略等)、幼児語や擬態語の使用、「今、ここ」に焦点化、限定した語彙、反復 (例：「てて」：手) 等である。このような特徴は子どもの注意を引きつけやすく、言語や情動発達を促すとされる。

3. フォーマット (format) を基盤としたかかわり

ことばの獲得は、食事や遊び等の、日常文脈と、養育者と子どもの相互交渉によって促される。養育者は、子どもがことばの使い方や意味を発見しやすいように、「フォーマット (format)」というパターン化された行為のくり返しを用いることが指摘されている。ブルーナー (1993) は、1歳1ヵ月の母子による絵本遊びにおいて、次のような相互交渉のパターンがあることを指摘している。
【母親：「ほら！」(注意喚起) →子ども：(絵に触れる) →母親：「これは何？」(質問) →子ども：(喃語を発声し、微笑む) →母親：「そう、ワンワンよ。」(フィー

ドバックと命名）→子ども：（発声し、微笑み、母親を見上げる）→母親：（笑い）「そう、ワンワンね。」（フィードバックと命名）】

「注意喚起」→「質問」→（子どもの反応）→「フィードバックと命名」という型のなかで、母親は、絵本に出てくる対象に注意を集中させる。子どもは型に参加しながら、語られることばや非言語的情報の意味を推測し、ことばの理解や発話が促される。

この「フォーマット」の考え方は、障害のある子どもの言語指導に応用され、多くの研究で、有効性が指摘されている（野澤・藤平・小野里，2016）。

4．養育者のかかわりと言語発達への長期的な影響

養育者の働きかけは、子どもの言語発達に長期的に影響を与えることが知られている。

養育者は、子どもの行動の背景にある心（mind）に目を向ける（minded）傾向（Mind-Mindedness）がある（Meins, 1997）。養育者のこのような傾向は、明確な伝達意図をもたない子どもの表現を伝達手段として意味づけたり、心情を言語化（代弁）したりすることになり、4～5歳以降の心の理論の発達に影響を及ぼすとされている。

共同注意における養育者の効果的な働きかけ（子どもが注意を向けている対象に合わせて発話する／注意共有時間が長い）は、子どもの語彙量の多さなど、良好な言語発達に関連している（Tomasello & Farrar, 1986）。さらに、1歳台において、子どもの内的状態（感覚、感情等）を多く代弁した母親の子どもの方が、1年後の子どもの言語発達（語彙、発話の長さ、内的状態への言及数）が良好である（Beeghly & Bretheton, 1986）という指摘がある。

このような子どもの意図や注意を調整する養育者のかかわりには個人差があり、その背景には、母親自身の育児観が反映されている。齋藤ら（2013）は、3～6歳児を対象とした絵本場面の観察から、子ども中心で子どもの体験を享受する「共有型」養育態度の母親は、子どもに共感的で、子どもに考える余地を与えるようなかかわりが多い一方、子どもにトップダウン的に関わり、罰を与えることも厭わない「強制型」養育態度の母親は、指示的で、子ども自身に

考える余地を与えないかかわりが多い傾向があることを指摘している。そして、「共有型」養育的態度の母親の子どもの方が、発話の主導が多い傾向にあると報告している。小野里ら（2014）は、２歳児を対象とした分析において、「共有型」養育態度の母親の子どもの方が、「強制型」の母親の子どもよりも、言語発達が良好であったことを示している。

　これまで見てきたように、ことばの前の時期から、大人は子どもを１人の意図ある存在として認識し、関わっているといえる。換言すると、人間のコミュニケーションの特徴は「協力的」であり、大人側も子どもの影響を受けて相互交渉を行っている。子どもに発達の遅れがあり、表出手段が少なく、意図がわかりづらいといった特徴がある場合、大人側もかかわりが少なくなる傾向があり、早期からの支援が必要である。

（小野里　美帆）

【引 用 文 献】

Austin, J. L. (1962). *How to Do Things with Words*. Oxford University Press.　オースティン，Ｊ．Ｌ．坂本百大（訳）（1978）．言語と行為　大修館書店）

Beeghly, M., Bretherton, I., & Mervis, C. B. (1986). Mothers' internal state language to toddlers. *British Journal of Developmental Psychology, 4* (3), 247-260.

Brinton, B., & Fujiki, M. (1989). *Conversational management with language-impaired children: Pragmatic assessment and intervention*. Aspen Publishers.

Bruner, J. S (1983). *Child's talk: learning to use language*. Oxford University Press.（ブルーナー，Ｊ．Ｓ. 寺田晃・本郷一夫（訳）（1988）．乳幼児の話しことば——コミュニケーションの学習——新曜社）

Fenson, L., Dale, P. S., Reznick, J. S., Bates, E., Thal, D, J., Pethick, S. J., Tomasello, M., Mervis, C. B., & Stiles, J. (1994). Variability in early communicative development. *Monographs of the Society for Research in Child Development: 59* (5), pp.i-185.

Fivush, R., Haden, C. A., & Reese, E. (2006). Elaborating on elaborations: Role of maternal reminiscing style in cognitive and socioemotional development. *Child Development*, 77 (6), 1568-1588.

上村誠也・小野里美帆（2014）．自閉症スペクトラム障害幼児への「家庭訪問型支援」による発達支援（２）——保護者の働きかけの変化と共同注意の成立過程：家庭課題記録の分析を通して——　生活科学研究，*40*，pp.73-81，2018

Markman, E. M. (1989) *Categorization and naming in children: Problems of induction*. The MIT

Press,

Meins, E. (1997). *Security of attachment and the social development of cognition.* Psychology Press.

野澤和恵・藤平未来・小野里美帆（2016）．自閉症スペクトラム児における他者の欲求意図理解にいた
　　る過程――日常的文脈における欲求質問獲得の支援を通して―― 特殊教育学研究, *54*（3），
　　pp.189-197.

小椋たみ子（2017）．話し言葉の発達　臨床発達心理認定運営機構（監修）秦野悦子・高橋登（編著）
　　言語発達とその支援（pp.90-117）ミネルヴァ書房.

小野里美帆（2010）．言語・コミュニケーション発達における「スクリプト」の役割再考　文教大学教
　　育学部紀要, *44*, pp.167-175.

小野里美帆・石川陽子（2013）．２歳児の母親における共同注意成立に関わる働きかけと言語発達の関
　　連について――絵本遊び場面の分析から―― 言語と文化, *26*, 1-16.

小野里美帆・高田 彩友美・西郷 英里菜（2015）．自閉症スペクトラム児におけるナラティブの発達支
　　援――共同想起を用いて―― 言語と文化, *27*, 1-14.

小野里美帆・小野南（2017）．２名のダウン症児を対象とした動詞獲得の指導に関する予備的分析――
　　調理及び工作ルーティン場面を通して―― 生活科学研究, *39*, 155-161.

齋藤有・内田伸子（2013）．幼児期の絵本の読み聞かせに母親の養育態度が与える影響――「共有型」
　　と「強制型」の横断的比較―. 発達心理学研究, *24*（2），150-159.

Sperber, D., & Wilson, D. (1986). *Relevance: Communication and Cognition.* Blackwell.（スペルベル,
　　D．＆ウイルソン，D．内田聖二・宋南先・中逵俊明・田中圭子（訳）(1999)．関連性理論――
　　伝達と認知―― 第2版　研究社出版）

Tomasello, M., & Farrar, M. J. (1986). Joint attention and early language. *Child Development, 57*(6),
　　1454-1463.

📖 **読者のための図書案内**

＊長崎勤・小野里美帆（1996）．発達に遅れのある乳幼児のためのコミュニケーションの発
達と指導プログラム　日本文化科学社：言語発達の理論が平易に書かれており、アセスメ
ントによりコミュニケーションの特徴がわかるとともに、アセスメントに基づいた指導プ
ログラムの選択ができる。

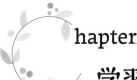

hapter 7

学習観の転換から生まれる「学びのストーリー」

「学習とは何か」と問われる時、「知識を頭のなかに入れることである」と答える人は多いだろう。それは、どこかに存在する「知識」という物体を、頭のなかにしまい込むことをイメージしている。これまでは、その知識の断片をできるだけ多く蓄えることが良いとされてきた。しかし、学習とはそのような個人に限られた問題ではなく、集団に所属し活動に参加することであると考えられる。みずからの役割を認識し、実践に参加することが重要なのである。そこでは教師と子どもが互いに関わりあいながら創り上げていく、世界でたったひとつのドラマが広がっていく。今回はそんなひとつのストーリーを見ていきたい。

 第1節 | 世界でたったひとつのドラマ「伊那小春組物語」

　物語の舞台は、長野県伊那市立伊那小学校である。本校は南アルプスを背景に、伊那谷を一望できる高台の上に立っている。「子どもは自ら求め、自ら決め出し、自ら動き出す力を持っている存在である」（伊那小学校, 2023, p5）という子ども観を視座に、子どもの求めや願いに沿った体験的・総合的な学習が展開されている。

　今回紹介するのは、春組の1年生から3年生までの実践である。担任は春日健二先生。動物も昆虫も大の苦手である。よりによって、そんな春日先生と36人の子どもたちが「ゆきちゃん」「ゆりちゃん」というヤギの親子のお世話を始めるところから、この物語は始まる。笑いあり、涙ありの春組奮闘記である。

1. 実践への参加のプロローグ「動物を飼いたい」

　5月、入学して間もない子どもたちは、市内からほど遠いグリーンファーム

に遠足に行った。そこでは、ポニー、ダチョウ、ウサギ、ニワトリ、アヒル、ヤギなどの動物が飼育されている。子どもたちが行った時は、生まれて間もないヤギの赤ちゃんたちが柵の隙間から外へ飛び出して、遊んでいた。そこで、フワフワの赤ちゃんを触ったり抱っこしたりした子どもたちから、遠足後「ヤギを飼いたい」という声が多く聞かれるようになる。しかし、なかなか意見が一致せず、話は平行線のまま進んでいく。

【ヤギを飼いたい！　いやだ！　1年生の6月21日：話し合いの場面】

ひろの：飼わない！　うんちしたら臭い。

まさと：目隠しでもしたら。

こうすけ：口を縛ればいい。

ひろの：そんなことをしたら息もできないし、ご飯も食べられないし、命にかかわる。可哀そうだし悲しいじゃん。死んでもいいの？

春日先生：みんなこの前「飼いたい、飼いたい」って言ったけど、本当にみんな飼いたいですか。

しゅう：飼いたくない。スペースもないし。

ゆうま：ともがき広場で、先生たちが小屋を作って飼えばいいと思う。

春日先生：じゃあ、あなたたちは小屋を作らないんだ。

しゅう：家とかのスペースがないのと、あと臭くなる。匂いは回収できない。

春日先生：どんな生き物を飼っても、うんちやおしっこは出る。みんなその点は大丈夫ですか。

こうすけ：うんちやおしっこが出なきゃ病気になる。

ひろの：臭いけど、がんばって掃除する。

しゅう：おしっこは染みつくから片づけられない。

春日先生：しゅうさんは賛成できないんだな。

しゅう：反対する。匂いは人間には見えないものだし、虫やばい菌もある。

（筆者の観察記録より一部抜粋．下線部筆者）

　話し合いは膠着状態が続き、1ヵ月経っても結論は出なかった。子どもたちの「（ヤギの）口を縛れば」「先生たちが小屋を作って飼えば」という言葉からは、ヤギを慈しむどころか、まるで他人事である様子がうかがえる。

２．しだいにのめり込んでいく実践への参加
「ゆきちゃんゆりちゃんのために」

　長い期間をかけた話し合いの末、子どもたちのもとにお母さんヤギのゆきちゃんと赤ちゃんヤギのゆりちゃんがやってきた。それは夏休みも過ぎた８月24日のことである。最初はどうなることかと心配された子どもたちだが、ゆきちゃんとゆりちゃんに対する気持ちの変化に注目したい。

【１年生の９月〜12月：子どもたちのゆきちゃんゆりちゃんに対する思い】

「きょう、ゆきちゃんとあそびました。ゆきちゃんとあかちゃんとあそびました。もう、けっこんしたいです。」（ゆうま、9.6）

「きょう、ゆきちゃんとさんぽにいきました。ゆきちゃんが、かわいすぎて、もっとかわいすぎて、もっとかわいすぎて、もっとかわいすぎました。」（ゆうま、9.9）

「きょうは、うんちとうばんでした。うんちとうばん、たのしかったです。もっとやりたいです。もっとまい日やりたいです。」（だい、9.9）

「ゆきちゃんとゆりちゃんのうんちをとっているとき、いっぱいとって、あせびっしょりになりました。うんちがいっぱいでつかれたけど、うんちとうばんをまたしたい。うんちをぜんぶとって、ゆきちゃんとゆりちゃんがすっきりしてほしいです。」（めみ、9.14）

「きょうはゆきちゃんといっぱいあそびました。いつもがっこうへいくのをまっています。これは、ゆきちゃんとゆりちゃんに、はやくあいたいからです。いつも、すごく、がっこうが、たのしくてうれしいです。」（たいち、10.7）

（「ゆきちゃんゆりちゃん日記」より一部抜粋．下線部筆者）

　あれほどヤギのうんちやおしっこを嫌がり、匂いを気にしていた子どもたちだが、ゆきちゃんとゆりちゃんのためにはうんち当番も楽しいと思えるほど、のめり込んでいる様子がわかる。それは、２匹と「結婚したい」と思うほどであり、早く会いたくて学校に行くのが楽しみになるほどなのである。

　気がつくと、ゆきちゃん、ゆりちゃんは、子どもたちの日常に当たり前のように入り込み、欠かせない存在になっていた。２匹の存在が、子どもたちを活動へと駆り立てていったのである。参加の仕方が変わるにつれて、子どもたちの役割認識もまた変化していったことがわかる。

3．予期せぬ参加「生と死を見つめて」

　年度が変わり、子どもたちは2年生に進級した。子ヤギだったゆりちゃんは立派な大人になり、11月、2匹のお母さんになった。さらに12月、ゆきちゃんが2匹出産して、ゆきちゃんファミリーは全員で6匹になり、子どもたちの生活はますます忙しくなった。

　ゆきちゃんファミリーの懸命なお世話が続く2年生の2月、子どもたちは生まれて2ヵ月のゆうきくんの去勢を、するべきかせざるべきか、悩んでいた。子どもたちは「自分が大人になった時にお父さんになれないのはいやだと思う。それはとても大きな問題だから去勢をすべきではない」と言う。しかし去勢をしない場合、子どもたちは可愛がって育てたゆうきくんをなんらかの方法で隔離しなければならない。近親交配を避けるためである。グリーンファームに返すと、ほかの雄ヤギにいじめられてしまう。

　「隔離したらたった1匹で可哀そうだから、去勢をしたい」「去勢をして今まで通り家族みんなで暮らすのが、ゆうきくんにとって一番幸せだ」と考える子どもたちもいる。結論は出ないまま持ち越された。

　そんななか、思いも寄らない事件が起こった。話し合いをした翌々日の朝、子どもたちの前には変わり果てた姿になったゆうきくんが横たわっていた。子ヤギのなかでも一番やんちゃだったゆうきくんは、常日頃、小屋からの脱走を企て、隣の餌小屋に忍び込んでは、蓄えてある草をムシャムシャ食べていた。一昨日も脱走を試みたが失敗し、板と板の間に首を挟まれて息絶えたのだった。

　子どもたちは亡骸にしがみついて「ゆうきくん」「ゆうきくん」と、懸命に呼びかけながら、身体をゆすったり、さすったりした。しかし、ゆうきくんはピクリともしない。すでに身体は冷たく、ゆうきくんの首は折れ曲がり、舌を出したままで、さぞ苦しんだであろうことは想像に難くなかった。子どもたちの「ごめんね」「ごめんね」という叫びにも似た、振り絞るような声に交じって、こらえきれずにあふれ出て来る嗚咽が校舎に収まりきらず、伊那谷の街を駆け下りていった。南アルプスの山々は、そんな出来事も飲み込んでしまうかのように、いつもと変わらず凛と佇んでいた。

　実は少し前に、春日先生は小屋の隙間についてこんなことを話していた。

「ゆうきが何度も脱走しているのに、子どもたちはいつまで経っても板の隙間を埋めようとしない。だから、隙間のところに板を立てかけておいた。そうしたら子どもたちが『なんでこんなことをするの。こんなことしたら、みんな（ヤギたち）が景色を見ることができないじゃん』と、抗議してきた。俺は、子どもたちの思いを全くわかっていなかった。『景色を見せるためだったのか』と、その時やっとわかった。」

（筆者のインタビュー記録より，括弧内筆者，春組２年生２月２日）

　春日先生も子どもたちも、６匹のヤギを思いやっての行為だったが、結果的にそれが仇となってしまった。春組はどんなに悲しかったことか、どんなに自分たちを責めたことか。３年生の秋の音楽会ではこんな歌を発表している。１番は、ゆりちゃんの出産の場面。２番は、ゆうきくんの死を目の当たりにした場面。３番は、３年生になり、さらに家族が増え、春組と12匹の仲間に対する思いを詩に綴っている。12匹というのは、天国のゆうきくんを含めての数である。

曲名　「春組と12匹のなかまたち」

１．『赤ちゃんが産まれた』（歌詞省略）

２．『ゆうきくんの死』
　　春日先生：「２月４日の夕方。生まれて２か月、１番やんちゃだったゆうきくんが、柵に首をはさまれて亡くなったのだ……。」
　　子どもたち：「えっ、うそでしょ……。わたしたちは、あまりのおどろきに、頭が真っ白になった。」
　　昨日まであんなに元気だったのに　いつも走り回っていたのに
　　もっと遊びたかった　もっと抱きしめたかった　もっと一緒にいたかった
　　ゆうきくん　お願いだから目をあけて　もっと生きられた　もっと守りたかった
　　ゆうきくん　守れなくてごめんね　最後まで一緒にいられなくてごめんね
　　先生　嘘だって言って　ごめんね　ごめんね　ごめんね
　　ゆうきくん　ゆうきくーん

３．『春組と12ひきのなかまたち』
　　① いろんなことがあったね　毎日草取　いつもおいしそう
　　　　そのすがたがうれしい　みんなの心の中　いつも生きてる
　　② いろんなことがあったね　天国のゆうきくん
　　　　おとうさんにと願った　ゆうくんとのお別れ　命の大切さ

> 笑顔になれる　春組なかまさ　あー　あー　あーーーー

　その後、春日先生と子どもたちは二度と同じことをくり返さないようにと、さっそく小屋の点検をし、板の隙間を埋めていくことになる。春組の心にはいつもゆうきくんがいた。ゆうきくんのお墓には、子どもたちが登校の際に摘んできた花が絶やされることはなかった。

　そして3番の「おとうさんにと願った　ゆうくんとのお別れ」というのは、亡くなったゆうきくんのことではない。春日先生と子どもたちはゆうきくんの死からほどなくして、別の子ヤギ「ゆうくん」の去勢について、再び話し合いをする必要に迫られる。春組の選んだ道は「去勢をしない」ということだった。しかし、去勢をしなかった雄ヤギゆうくんには、その後、人間の都合に翻弄され続ける過酷な運命が待ち受けていたのである。この時は、春日先生も含めて誰も予期していなかった。次項で、その後ゆうくんがたどった数奇な運命に、少しだけふれることとする。そこには、複雑な人間社会の構造が垣間見られるのである。

4．社会的実践の特性「葛藤・矛盾・不条理そして権力関係」

　その後、去勢をしないことになった雄ヤギゆうくんは、お父さんになるために、県内のＩ小学校4年生のクラスへ引き取られて行った。しかし翌年の冬、Ｉ小学校では雪深いためお世話ができないとの理由から、冬の間だけ春組に戻されることになった。春組3年生の12月のことである。春になったらまたＩ小学校へ帰って行くという。戻ってくるゆうくんの去勢をどうするか、再度子どもたちは話し合うことになった。今回の去勢は、ゆうくんが成長しているため、命の危険が伴うという。そのことに関して、子どもたちに意見を聞いてみた。

> しゅう：Ｉ小学校は「去勢したい」と言っていた。春組で「去勢しない方がいい」という人は、「ゆう君にお父さんになってほしい」という願いがあった。「去勢した方がいい」という人は、「Ｉ小学校の人たちがそう言っているし、（隔離するより）家族と生活する方が楽しいから」という理由だ。
> 　去勢するのが人間の都合だっていうのが可哀そうだと思う。なんとかできないかなと

も思った。人間の都合ではなくて、自然にできないのかを考えた。春組に飼われている間は（雌ヤギがいるから）無理だと思う。グリーンファームでは頭数を増やさないために去勢が当たり前だ。去勢をしないと一人ぼっちで閉じ込めておくことになって可哀そう。グリーンファームは、頭数が少ない時はオスだけ別個にしていた。去勢をしないで済むという所は、よっぽど探さないと無いと思う。結局、春組、Ｉ小学校、もっと言えば人間の都合なんだと思う。今人間が世界のトップになっているけど、少しは動物たちのことも考えてほしい。

ゆうた：去勢をしない方がいいと思う。人間の都合で、自分の身体の一部を取られたら可哀そうだし、去勢したら一生お父さんになれない。お父さんにならせてあげたい。他の奥さんには会えないかもしれないけど、お父さんの気持ちを味わわせてあげたい。Ｉ小学校にいる間、ゆう君は１匹だから去勢してもしなくても変わらない。ゆう君もお父さんになりたいと思う。人間がヤギの人生を勝手に変えているっていうのは可哀そうだと思う。自分がもし誰かに人生を操られたら悲しい。自分の人生は自分で決めたい。

（筆者のインタビュー記録より、春組３年生12月４日，下線部，括弧内筆者）

　その後、ゆうくんは結局去勢をして春組に戻ってきた。そのゆうくんについて、春日先生に話を聞いてみた。

春日先生：「11匹一緒に」というのは人間の幸せだ。ヤギの幸せはどうなのか。俺はこのまま自然に任せるのがいいと思っている。ゆうが餌を食べる時、ほかの赤ちゃんたちを追いやる。動物にとってそれは大事なことだと思う。

　人間の都合でＩ小学校に行き、お父さんになれると思ったらなれず、しかし冬は育てられないから返すと言われて、グリーンファームに帰って来た。でもほかのヤギたちから仲間外れにされて、春組に戻ってきても以前のようにはほかのヤギの仲間に入れない。去勢も結局して、また春、Ｉ小学校に戻る。環境が変わることは動物にとってストレスが溜まる。ゆうの人生っていったい何だったのか。

（春組３年生１月25日，春日先生へのインタビューより，下線部筆者）

　この件に関して、しゅうは「頭が焼けるほど悩んだ」という。そして春日先生も子どもたちと一緒に悩み、揺れていた。ヤギの幸せを考えれば考えるほど、人間である自分たちの都合にふり回されながら生きている動物の存在に気づくことになる。春組にとっては、かけがいのない存在であるヤギたちも、結局は家畜としての運命から逃れることはできないという現実を突きつけられ、教師と子どもたちは、どう向きあっていったら良いのかを問い続けていく。

われわれが生きている世界は、人間とそれを取り囲む多くの事象が複雑に絡み合い、影響を及ぼし合いながら、複合的かつ重層的に構成されている。それら諸関係の体系には一つひとつ意味があり、社会的に構成された世界のなかで再生産され、変化しながら発展していく。われわれは、諸関係の体系のなかで迷ったり、矛盾を感じたり、自分の力ではどうにもならない権力関係に不条理を感じたりしながら、自分自身の生き方を追い求め続ける。それが社会的世界のなかで生きるということではないだろうか。

5．教師のアイデンティティの変容
「ゆきちゃんファミリーと春組に感謝」
最後に、生き物が大の苦手だった春日先生の心境の変化を伝えたいと思う。

（1）春日先生へのインタビューより一部抜粋（春組3年生10月9日）

> 「先週の金曜日、1年山組が、ヤギをもらいたいといって、代表の4人がクラスにやってきた。春組の子どもたちは、山組の話を聞くや否や、嫌な顔をした。自分たちで最後まで育てたいという一心で、即座に申し出を断った。俺は、<u>最初はヤギを飼うなんて嫌だと思ったけれど、今ではかわいくて仕様がない。子どもたちがもし『どうぞ』と言っても俺がだめだったと思う。</u>山組は、あのプチ（のヤギ）をねらっていたんだけれど、子どもたちも渡す気はない。俺も嫌だから、子どもたちが申し出を断ったのは当然だと思う。気持ちはよくわかる。」
>
> （下線部，括弧内筆者）

　春日先生の姿は、いつも春組の子どもたちと、ゆきちゃん、ゆりちゃんとともにあった。朝早くから草取りをし、小屋の掃除と修理をする。想像を超える苦労があったであろう春日先生の口癖は「ほんと、もう嫌……」だった。しかし、その言葉とは裏腹に「うちの娘たちは」とか「この子は」と話し出すのである。そこには、わが子同然に慈しみ育てる春日先生の姿があった。
　このインタビューから4ヵ月後の2月中旬、ゆきちゃんファミリーは春組との生活に終わりを告げ、グリーンファームに帰って行った。11匹を送り届けた後、春日先生が子どもたちに向けて、心境を語った。

（2）ゆきちゃんファミリーをファームに返した後の
春日先生の話（春組3年生2月15日）

「俺、正直ヤギ飼えねえと思った。1年の8月24日に来たよね。俺、あの段階でもやだと思った。9月もだめだったな。ずっといろんな先生に相談してた。〔中略〕1年の12月ぐらいまでは、ヤギを返そうと思った時もあった。

ゆりちゃんが具合悪くなって、グリーンファームに帰った時、小林さんが「立派に育ててくれてありがとう」って言ってくれた。それで春組のみんななら大丈夫だと思った。それまでは俺が全部やろうと思ってた。でも、この子たちなら心配ないと思った。春組のみんなと、俺は最後までできると思った。〔中略〕

俺はこんな性格だから怒ってばかりいたけど、心の中ではずっと「ありがとう」と言いたかった。先生が夏休みも毎日学校に来た、あの原動力はあなたたちのおかげ。ゆき（ヤギ）たちとの楽しい思い出を作れたのもあなたたちのおかげ。11匹を、（4キロの道のりを歩いて）グリーンファームに無事返せたのもあなたたちのおかげ。楽しい思い出を一緒に作ってくれてありがたかった。残りの最後まで、とことん春組のみんなとやりきりたい、というかやりたい。

教員人生のなかで、この3年間楽しかった。みんなと家族の人たちに支えられて楽しかった。<u>みんなには感謝しかない。ありがとう。</u>春組の36人に感謝。いろいろな人に支えられて今日を迎えることができた。〔中略〕ゆきにもみんなにも今は感謝しかない。それしか言えない。2年半で1回もみんなに『ありがとう』と言えなかったけれど、<u>最後に『ありがとう』と、感謝しかない。</u>残り十何日をみんなと向き合っていきたい。先生、照れ屋だからあまり言えない。」

（下線部，括弧内筆者）

　照れ屋の春日先生が最後に子どもたちに伝えたのは「ありがとう」という感謝の言葉だった。実はこの3ヵ月前、春日先生にインタビューした時「本当はあまり言いたくないんだけれど……、俺は『あいつらはすごい』と内心思っている。11匹育てているというのはやっぱりすごい。いつも褒めることはしないので、このまま褒めないまま（3年間の活動の）終わりを迎えそうだ」（括弧内筆者，春組3年生11月6日のインタビュー記録より）と話していた。

　そんな春日先生の話を、子どもたちはじっと聞いていた。春日先生が普段子どもたちを怒るのは、春日先生も春組の一員として、真剣にゆきちゃんファミリーと向きあってきたからにほかならない。春日先生も子どもたちも、ゆきち

ゃんファミリーを元気に育てたいという切なる思いに駆られて、3年間活動に参加してきた。お互いに信頼しあっているからこそ、2匹から11匹まで増えることができたのである。仲間が増えるにつれて春組も成長し、世界が広がっていった。ひとつの命が誕生し、この世界のなかで生きていくことの意味と重さを、春日先生と子どもたちは、噛みしめながら夢中で過ごしてきたのである。

　春日先生の「感謝しかない」という言葉には、春組の仲間のひとりとして、子どもたちを認め、信頼している思いの丈が込められている。そして「ゆきにも感謝」という言葉からは、春日先生にとってもやはり12匹のヤギたちは大切な春組の仲間だったということが伝わってくる。

6. 実践のエピローグ「物語の終止符」

　家族が増えるたびに増築を重ね、大きくなっていったゆきちゃんファミリーの小屋は、家主を失いガランとして、どこか寂しげにみえた。その小屋を子どもたちはしばらく見つめた後、慣れた手つきで釘を抜き、板をはがし始めた。何事もなかったかのようにきれいに片づけられた跡地には、黒く掘り返された土だけが春組の痕跡を残していた。ともがき広場には、いつもと変わらない羊や牛たちの鳴き声が、お互いの存在を確かめあうかのように響いていた。

　こうして3年にわたる春組の物語は幕を閉じた。ゆきちゃんファミリーは、春日先生と子どもたちのいる春組のなかで、たしかに生きていた。春組の実践は、生きるという日常の文脈のなかにあった。誰かに指示をされて義務的にお世話をしていたのではなく、どうしようもない使命感に駆られて、魅了されて活動に参加していたのである。一人ひとりの熱い思いは、個々のストーリーを紡ぎ、それが春組のストーリーとなって、さらに伊那小学校のストーリーを創っていく。それはやがて、伊那谷の実践の文化の一部となり、歴史が刻まれていくのである。こうして春組の仲間が生きる社会的世界は広がっていく。

 第2節 ｜ 学習観の転換から生起する「学びのストーリー」

　これまでの学校教育では、「知識が内化する過程を学習とみなしてきた」(J.

Lave & E. Wenger, 1991, p.47)。学習は所与のものであり、個人に生起するものとして、頭のなかに命題的知識を貯蔵していくのである。そこでの知識は脱文脈化できるとの前提に基づいている。ゆえに、物象化された知識は別の文脈に移動させて使用することが可能であり、普遍的なものとして認識されている。したがって、個人の人格や学習の文脈は捨象され、学習に対する非人格的な見方が促される。知識の断片を伝達する指示的教育では、教える側の要求に最適化された言葉の再現を超える歴史的・文化的広がりを与えてはくれない。

しかしレイヴらによれば、学習は、そのような脱文脈化した知識の断片を複製するような手続きとは異なった見方が可能となる。レイヴらは、学習とは「社会的な世界への参加である」（J. Lave & E. Wenger, 1991, p.43）と主張する。社会的世界においてみずからの役割を認識し、活動に参加すること自体が学習であるという。学習は、日常の活動における関わりあいの生きた世界のなかで生起する。さらに「知識や学習はそれぞれ関連しており、意味は交渉によってつくられること、そして学習活動は参加した人々にとって興味を持たれた（魅了された、ディレンマに動かされた）ものである」（J. Lave & E. Wenger, 1991, p.33）ことを強調する。

学ぶこと、考えること、知ること、そして活動すること、その営みのすべては相互に関連しあい、交渉によって意味づけられ、社会的世界を構成している。社会的に構成された世界は、そこに関わっている人々が熱い思いに駆られて参加を続ける限り開かれ、変化し、発展していく。

この社会的関係性のなかで生きている人間一人ひとりは、それぞれ多様な見方や考えをもち、異なった参加の仕方をしているが、相互に認めあい、関わりあうなかで、関係性が再構築され更新していくのである。

社会的実践に参加している人々には、社会文化的に意味づけられた活動の軌跡があり、それぞれのストーリーが創られていく。個々のストーリーは、社会的世界のなかで影響を及ぼしあいながら、またあらたなストーリーを紡いでいく。生きるということは、まさしく世界の歴史を刻む営みであるといえよう。社会的世界のかかわりのなかで常にストーリーが変化し、歴史が塗り替えられていくのは、そこに人が生き、成長している証である。そう考えると、学習と

は、生きていることそのものであるといえるのではないだろうか。

（小野沢　美明子）

（謝辞）本研究を進めるにあたり、多大なご協力を賜りました長野県伊那市立伊那小学校の皆様に心より感謝申し上げます。

【引 用 文 献】

長野県伊那市立伊那小学校（2023）．内から育つ　公開学習指導研究会　研究紀要（有）マスマタ印刷

Lave, J., & Wenger, E. (1991). *Situated Learning: Legitimate Peripheral Participation.* Cambridge University Press.

小野沢美明子（2021）．実践コミュニティアメリカ教育学会（編）　現代アメリカ教育ハンドブック（第2版）（pp.165-166）東信堂

Wenger, E., McDermott, R., & Snyder, W. M. (2002). *Cultivating Communities of Practice.* Harvard Business School Press.

📖 読者のための図書案内

＊平野朝久編著（2022）．『「はじめに子どもありき」の理論と実践』東洋館出版社：「子どもは能動的学習者である」という子ども観に基づき、教師と子どもがともに創っていく授業の在り方を考えていく。紹介されている9つの実践は、世界でたったひとつのドラマであり、そこには固有の「学びのストーリー」が描き出されている。

＊齊藤和貴（2022）．『絵本で広がる小学校の授業づくり』小学館：子どもの実態や目的に応じて、絵本を活用した授業の進め方が、指導案や板書例と共に、写真で紹介されている。絵本を通した子どもの社会的世界の広がりを感じることができる。小学校の教員だけでなく、幼児教育・保育に携わる皆さんにもお薦めしたい1冊である。

Chapter 8

「相対的年齢効果(RAE)」について考える

誰もが「早生まれ（1〜3月）」「遅生まれ（4〜12月）」について話題にしたことがあるのではないだろうか。ただし、教員になると、日々の教育活動に追われ、それらについて、あまり深く考えることはしないだろう。

そこで本章は、早生まれや遅生まれをテーマに、国内外の主な研究をレビューするとともに、一般的に早生まれが不利とされる原因やそれを改善する教育制度について考える。

 第1節 | プロスポーツ選手とRAE

相対的年齢（Relative Age Effect: RA）とは、同じ学年のなかでの生まれ月の違いをいう。また、RAEとは、学年区分に起因して生じる身体的・精神的・社会的な影響を意味する。たとえば、幼少の頃、同じ学年でも4月や5月生まれの子どもは比較的足が速く、対して、早生まれと呼ばれる1〜3月生まれの子どもは、足が遅いといった現象はRAEととらえられる。このRAEについては、これまでも国内外で広く研究が行われてきたが、わが国でRAEがクローズアップされたきっかけの1つとして、サッカー選手や野球選手の誕生月の研究をあげることができよう。前者については、平成5年のJリーグ開幕当時10チームの全登録選手をトップチーム（1軍）と、サテライトチーム（2軍）に分けて分析した研究（内山・丸山, 1996）があり、両チームとも、4月生まれから3月生まれに向かって登録選手数が減少傾向になることが示されている。加えて、トップチームの場合、早生まれの影響を打ち消すほどの超一流選手が含まれることから、その傾向は、サテライトチームがより顕著であったと報告している。

一方、後者に関して、岡田（2003）は、2002年のNPBプロ野球登録日本人選手732名を対象に「生まれ月」を集計しており、「4月以降3月まで、ほぼ右肩

下がりの線型傾向をなしており、さらに3ヵ月ごとに区分して評価すると、角度が急な右肩下がりの線型的分布という特徴がより明確に示された」と報告している。すなわち、これらの研究では、Jリーグ選手も、プロ野球選手も、4～6月生まれの選手がもっとも多く、反対に、もっとも少ないのが1～3月生まれであり、RAEが認められたとされている。RAEについては、サッカー、野球のプロスポーツ分野だけでなく、幅広い領域で研究されている。

 ## 第2節 ｜ RAEに関するさまざまな研究

1. 学力について

　植村（2019）は、2015～2017年度の3年間について、児童生徒約30万人（小4～中3）を対象として標準化された学力テストを用い、RAEが存在するかどうかを明らかにしている。そのなかで4～6月生まれを基準にして分析した結果、小4男子の7～9月生まれは、偏差値にして0.218低く、10～12月生まれは1.564、および、1～3月生まれでは3.120低かったこと、また、女子においても「ほぼ同様であった」と述べている。さらに、学年が上がるにつれて、RAEは小さくなるものの、中3においても早生まれは、偏差値が1.1以上低い状態が続き、この差は「0.1％水準で統計的に有意である」といっている。このように約30万人をサンプリングした調査から、中3の時点で生まれ月によって学力に影響がみられたことは、教育関係者にとって衝撃的であるとともに、今後、RAEに対する教育施策を検討していく必要性を示唆している。

　他方、国外において、Bedard et al.（2006）はTIMSS（国際数学・理科教育動向調査）調査を利用し、11ヵ国（小学5年生）もしくは、19ヵ国（中学2年生）を対象に、理数系学力に対するRAEを検証し、RAの若い子どもたち（日本の場合だと、1～3月生まれなど）の不利が揺るぎなく、永続的と結論づけている。加えて、これら19ヵ国中、厳格な学年制を敷いていたのは、日本を含む4ヵ国であり、学年制を厳格に運用している国ほど学力（この場合は理数系学力）の差が顕著であると報告している。

　さて、前述したように、わが国において、約30万人という大規模な調査から、

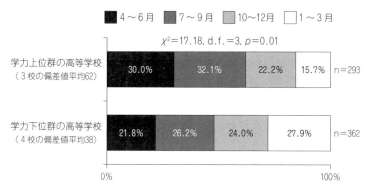

図8－1　沖縄県高等学校における学力とRAとの関連（2009年度調査より）

RAの影響により、中3時点で学力差が現れるとの研究報告が行われているが、これについては、中3生であるため、次年度に進学する高等学校の学力レベル（偏差値の高い学校、低い学校）に影響を及ぼすとの推察ができる。そこで、2009年度に筆者が指導した学部学生は、卒業研究において心理面とRAEの関連をまとめるなかで、学力との関連に興味を示し、沖縄県の高等学校で次のような分析を行っている（高江洲, 2010）。それは、沖縄県内の全日制普通科7校を抽出し、全国規模の業者が公表する偏差値で2群に分け（あえて極端に偏差値の高い高校と低い高校に分類）、生まれ月との関連を検討したものである。結果は、図8－1の通りであり、統計的（χ^2検定と残差分析）にも有意であることが見出された。具体的には、偏差値の高い高等学校の生徒の分布に関して、4～6月生まれの割合（30.0%）が大きく、反対に1～3月生まれの割合（15.7%）が小さかったのに対して、偏差値の低い学校の生徒の分布は、この逆のパターンを示したのである（nは人数を表す）。

　この調査に関して、調査対象校のすべての生徒を対象にしていないなどの研究上の課題はあるものの、前述した30万人規模の調査結果（中3で学力差が認められる）と、ほぼ同様の結果と判断することができる。俯瞰的にみると、中3時点でRAEが学力に影響を及ぼしていることは、その後の学歴にも関係し、また、学歴は職業や生涯の年収、あるいは生涯の健康に影響を及ぼすことから、RAEに対応するためわが国でも後述する教育制度上のなんらかの措置が求め

られるといえよう。

２．他のスポーツ競技や運動能力について
（１）大学・高等学校におけるバスケットボール

　冒頭でサッカーと野球のプロ選手のRAEについてふれたが、その他の競技やカテゴリではどうであろうか。たとえば、わが国のプロバスケットボールＢリーグの選手を対象とした研究（石川・青木, 2019）があり、すでにRAEが認められている。これに関連して、筆者が2021年度に指導した本学の４年生の卒業研究（下山, 2022）では、この年度に関東の大学女子バスケットボール１部リーグの８大学に登録されている選手135名（回収率45.0%）と、令和３（2021）年度全国高等学校総合体育大会バスケットボール競技大会ベスト16のチームに所属する男子10チーム（129名）ならびに、女子10チーム（123名）の選手の生まれ月を調べ、理論値と比較し考察を行っている（回収率62.5%）。調査対象はどちらもプロ選手になる１つ前のカテゴリであり、大学と高等学校のバスケットボール界ではトップレベルの選手たちである。結果は、図８－２の通りであった（紙幅の関係で、高等学校のみ掲載）。

　トップレベルといっても、大学と高校なので、プロの選手と比べると体力、スキルとも低く、それらの幅の広い集団と考えられるが、ここでも明らかにRAEがみられ、すでにプロになる直前の段階でRAEが確認されたことになる。

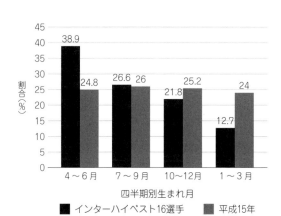

図８－２　令和３年度におけるインターハイベスト16に入った選手の生まれ月と理論値（平成15年度生まれの割合）との比較

（２）メジャースポーツとマイナースポーツ（高等学校軟式野球）の違い

　高等学校における「軟式野球」では、これまで紹介した競技とは様相が異な

り、4〜6月生まれより早生まれ（1〜3月生）の割合が大きい（佐藤, 1997）。高等学校での硬式野球と軟式野球の違いは、競技人口であり、いわゆるメジャースポーツか、マイナースポーツかの違いといえよう。すなわち、高校段階になると、圧倒的に硬式野球の方が競技人口は多く（もちろん甲子園の高校野球も硬式）、硬式野球がメジャースポーツであり、逆に、早生まれの割合が大きい軟式野球は、マイナースポーツに該当する。小さい頃から運動のできる（有能感の高い）子どもはメジャースポーツを志向し、そうでない子どもは、マイナースポーツに流れていると推定できる。

3．子どもの体力・運動能力に関するRAE

　わが国では、小学校5年生と中学校2年生において、悉皆調査として全国体力・運動能力、運動習慣等調査（以下、体力・運動能力）が実施されているが、この調査に関して「ソフトボール投げや握力などで、他の人より良い成績をあげたとして、それが何の役に立つのか？」と思っておられる方も多いことであろう。この考え方は一部、正しいかもしれない。なぜなら、体力・運動能力は、あくまでも身体活動という行動の結果なので、運動能力自体に、あまり意味はない。つまり、生涯の健康にとってより重要なのは、「身体活動」である。身体活動に関しては、その質と量を考慮して測定することはきわめて難しく、したがって、ほとんどの学校は前述した学年以外でも、毎年、体力・運動能力を測定している。近年、欧米で子ども時代や若年世代の健康および身体活動が、中・高年時代まで生物学的・行動的に持ち越されるとのエビデンスが示されたこともあり、高齢化社会における医療分野への財政負担の問題ともリンクし、世界的に子ども時代・若年世代の体力・運動能力が注視されている。

　こういった社会的背景のなか、文部科学省の調査によると、30年前と比べて子どもの体力・運動能力が低下しているだけでなく、たくさん運動する子どもとほとんど運動しない子どもの二極化の問題が指摘されている。また、コロナ禍の影響で、直近の調査をみると子どもの体力・運動能力の現状は、過去最低レベルであり、憂うべき状況となっている。

　他方、子どもの体力・運動能力とRAEの関連を明らかにする研究が国内で

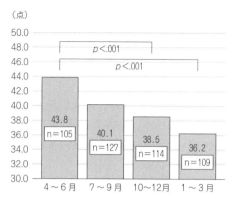

（点）

図 8 - 3　平成15年度と30年度のＡ中学校 2 年生
男子における体力得点合計の平均値の比較
（一元配置分散分析と多重比較）

も 行 わ れ て い る (Nakata, Akido, Naruse, & Fujiwara, 2017)。こ の 研 究 で は、 7 ～15歳 児、約3,600 名を対象に調査し、男子では、体格、体力・運動能力とも有意なRAEが観察されたとなっているが、女子に関しては、「小学生の段階では有意なRAEがみられたものの、中学生では、RAEが認められなかった」とされている。

この研究に倣い、2022年度に担当した学部学生が、ある中学校（A中学校）の過去 2 ヵ年分のデータ（分析対象者：899名）をもとに、追調査を実施している（八城, 2023）。結果は、図 8 - 3 の通りであった。

上のグラフをみてわかるように、男子においては「 4 ～ 6 月と10～12月」および「 4 ～ 6 月と 1 ～ 3 月」の体力得点の平均値に明らかに差が認められ、 4 ～ 6 月生まれが好成績を収めていた。この卒業研究では、瞬発力や速さに関わる運動項目で特にRAEがみられたことと、RAEに若干の地域特性の可能性があることを推察している。子どもの体力、運動能力について、国内外においてRAEが認められていることから、今後、わが国においてもその原因と対策を真剣に考えていく必要があろう。

4．性格とRAE

これまでのRAEの研究のほとんどは、早生まれ（ 1 ～ 3 月）が劣勢との結論であるが、わが国の大企業内の出世に関しては、早生まれが有利との研究（加藤ら, 2011）がある。具体的には、1990年、2000年、2009年の 3 ヵ年について、東洋経済新聞社の掲載企業の社長数（28,796名）と、生まれ月を調べた研究であり、2009年の東証一部上場企業では、早生まれが417名に対し、 4 ～ 6 月生ま

れが347名で、7～9月、10～12月は、その中間の数であり、明らかに早生まれの方が多く、この傾向は東証二部でも同様であったとのことである。加えて、この報告では、「幼い頃の劣等感や敗北感はマイナス面ばかりでなく、早生まれが、我慢強い性格や慎重な性格の形成に寄与するとともに、周りの状況を敏感に感知する能力に秀でることから、組織調和型の多い日本の大企業では、昇進の機会に恵まれやすかったのではないか」との仮説を立てている。その証拠に、この研究では組織が固まっていないわが国の地方企業や創業者企業の多い小さい企業などの役員、社長に関しては、生まれ月に差がなかったことが示されている。一方、米国を中心とする企業（対象：S&P500）の調査では、日本とは真逆で、大企業において早生まれ社長は少ない（Du, Gao, & Levi, 2012）。おそらく日本のように組織調和型の企業が成長するのではなく、リーダーが引っ張っていくタイプの企業が勝ち残っているのであろう。ただし、遅生まれのCEOが率いる企業よりも、早生まれのCEOが率いる企業の方が市場価値は高かったとのことである。これに関して、不利な条件を克服して成功する子どもは、とくに優秀であることが求められるので、統計的・経済的に有意な結果になったと記されている。

 ## 第3節 | RAEのメカニズムは？

　RAEについては、全般的に4～6月生まれが有利で、早生まれ（1～3月生まれ）が不利との結果であるが、このメカニズムはどうなっているのだろうか。マタイ効果（優れている者はより優れるようになり、劣っている者はより劣るようになる）などを提唱する研究者（Hancock, Adler, & Côté, 2013）もいるが、未だ、はっきりとした原因はわかっていない。しかしながら、RAやRAEは学年の区切りをもとにした概念であり、すなわち、集団生活初期が出発点であることと、前述したように「体力・運動能力」や「学力」などは「行動の結果」であることからすれば、「集団生活初期の行動」が深く関わっていることは間違いないだろう。
　一方、行動は、やる気（動機づけ）があってはじめて生起するので、やる気が重要なファクターとなっている。こう考えると、RAEはやる気とそれに伴

う人間の行動が関係しているのである。デシ（1985）がいうように、人間は、外的な報酬がなくても「自己決定と有能さの感覚」を得るために行動する。これはまさに内発的動機づけの考え方であるが、幼稚園や小学校低学年における集団生活初期において、4～6月生まれは、早生まれと比べると最大で1年間の差があるため、自身で有能と認知したり、まわりから褒められる機会が多かったりする。したがって、運動にせよ、教科学習にせよ、4～6月生まれは、内発的に動機づけられることが強く、早生まれの子どもより、楽しく積極的に行動すると思われる。それにより、さらに有能となり、かつ、有能さの認知が強化され、より内発的に動機づけられ行動すると考えられる。

　他にも、動機づけ理論で有名なマズローの欲求階層説で説明することが可能である。すなわち、欲求ピラミッドの頂点にある「自己実現欲求（自分の能力を活かしてさらに成長したい）」は、すぐその下の階層である承認欲求（仲間に自分の実力を認められたい）が満たされて惹起することから、遅生まれの子どもは、まわりの影響により承認欲求が満たされる機会が多く、早生まれより自己実現欲求が強くなり、さまざまな行動（学習や運動）を積極的にさせるのだろう。総じて、中学生やそれ以降の発達段階において、RAEが認められていることを鑑みれば、集団生活初期の有能さの認知とやる気や行動の影響が、その後に継続して持ち越されていると考えられる。

第4節 | RAEを小さくする方法・施策について

1．まわりの大人たちの意識の醸成

　これまでみてきたように、RAEについては、国内外でいろいろな視点で研究が行われており、単に、小学校低学年だけの問題ではなく、かなり長期にわたって、あるいは生涯にわたって影響を受ける。また、現時点でそのメカニズムは十分解明されていないものの、RAEの原因が集団生活初期にあることはほぼ明らかなので、幼稚園や小学校、あるいは、そこに携わる教員は、これまで以上にRAEに関して理解すると同時に、RAEを意識して子どもに接し、教育を施す必要があろう。また、教員志望者に対しても、RAEに対処する教育

プログラムを設けることが求められよう。もちろん、親もRAEに対して理解を深め、自分の子どもが早生まれであれば、日常生活のなかで、有能感を高めるような声かけを意識的に行う必要があるだろう。

2．クラス分け

幼稚園段階までは、月齢を考慮したクラス分けが多いが、小学校では一般的にRAを意識してクラス分けを実施していない。RAEを小さくすることを第1の目的にするなら、小学校中学年くらいまではRAを意識したクラス分けが望ましいのではないだろうか。ただし、子どもは大人以上に多様な人間関係のなかで成長することが大事なので、現実的には入学後2～3年くらいの期間がベターなのかもしれない。これについては今後の詳細な研究が待たれる。

3．小学校入学時期の弾力化

学力の項で記したように、学年の切替日が厳格な国ほど、RAEが大きくなることから、わが国に関しては、学年の切り替え日を緩やかにする方策をとることが肝要であろう。この施策をとるには法律改正が必要なので、学校単位ですぐに簡単にできるものではないが、長期的にみて重要な施策である。

RAE対策が先行する米国では、保護者が入学時期を選択できるようにしており、それら施策が功を奏し、日本よりRAEが小さくなっていると考えられる。

（小林　稔）

【引用文献】

Bedard, K., & Dhuey, E. (2006). The persistence of early childhood maturity: International evidence of long-run age effects. *The Quarterly Journal of Economics, 121* (4), 1437-1472.

Deci, E. L., & Ryan, R. M. (1985). *Intrinsic Motivation and Self-determination in Human Behavior.* Plenum Press.

Du, Q., Gao, H., & Levi, M. D. (2012). The relative-age effect and career success: Evidence from corporate CEOs. *Economics Letters, 117* (3), 660-662.

Hancock, D. J., Adler, A. L., & Côté, J. (2013). A proposed theoretical model to explain relative age effects in sport. *European Journal of Sport Sience, 13* (6), 630-637.

石川峻・青木敦英（2019）．日本プロバスケットボール選手の誕生月分布に関する相対的年齢効果につ

いて──2018-19シーズンの場合──　芦屋大学論叢，*71*，57-63.

加藤英明・岡田克彦・山崎尚志（2011）．早生まれの損得　横幹連合コンファレンス予稿集，95.

Maslow, A. H. (1970). Motivation and Personality (2nd ed.). Harper & Row. （マズロー，A. H. 小口忠彦（訳）(1987) 人間性の心理学──モチベーションとパーソナリティ──（改訂新版）産業能率大学出版部）

Nakata, H., Akido, M., Naruse, K., & Fujiwara, M. (2017). Relative Age Effect in Physical Fitness Among Elementary and Junior High School Students. *Perceptual and Motor Skills*, *124* (5), 900-911.

岡田猛（2003）．相対的年齢（Relative Age）としての生まれ月と高度スポーツへの社会化──2002年のプロ野球選手の分析──　鹿児島大学教育学部研究紀要人文・社会科学編，*55*，79-91.

佐藤勲・菊地俊美（1997）．高校スポーツ選手の生まれ月と競技成績との関係について　第48回日本体育学会大会号，487.

下山未来（2022）．大学・高校におけるバスケットボール競技者の相対的年齢効果に関する研究──ミックスドメソッドによる分析──　2021年度文教大学教育学部卒業論文

高江洲章子（2010）．青年期における相対的年齢（Relative Age）の心理的効果及びその関連要因に関する研究　2009年度琉球大学教育学部卒業論文

内山三郎・丸山圭藏（1996）．Ｊリーグ・プロサッカー選手における早生まれの影響　体育の科学，*46*，67-71.

植村理（2019）．早生まれの影響──小４から中３の日本の子ども達の相対的年齢効果──　Keio SFC journal，*19*，180-216.

八城真樹（2023）．運動能力の相対的年齢効果（Relative Age Effect）は中学生段階までみられるか──沖縄県那覇市Ａ中学校における平成15年度及び平成30年度データから──　2022年度文教大学教育学部卒業論文

📖 読者のための図書案内

＊イチロー・カワチ(2013)．『命の格差は止められるか──ハーバード日本人教授の、世界が注目する授業──』小学館：ハーバード大学日本人教授の著者は、先進国の中で寿命が短いアメリカと日本の違いは、社会経済的格差であり、格差の小さい社会で「人々の絆が強く」「隔たりのない社会」であること、幼児期において「我慢強さ」を獲得することが健康にとって重要であると指摘している。

＊ウォルター・ミシェル（著）柴田裕之（訳）(2015)．『マシュマロ・テスト──成功する子・しない子──』早川書房：長期間に及ぶ追跡調査により、幼い頃にお菓子を２個もらうために、待てる秒数の長い子どもほど、大学進学適性試験の点数が良く、社会的・認知機能の評価が高く、健康で、自尊心が強いことを報告している。

「不条理な校則は改めるべき」は本当か？

〈他者〉・法・享楽の精神分析的考察から

　不条理なものは、不快だ。納得できない。そんなことより、快適な時間を過ごしたい。だが快適さに慣れると、そこから出るのがしんどくなる。不条理を経験すると不快だが、怒りによって力が湧いてくる。

　昔は、「可愛い子には旅をさせよ」と言った。西洋でも数百年の間、私たちを人間主体とするのは苦しみと向きあう経験だと考えられてきた。だがおそらく、現代では「可愛い子には（つらい）旅などさせない」という人々は多いだろう。苦しみを退けて快適さや優しさを選ぶことで、われわれはいったいどこへ向かおうとしているのだろうか？

 第1節｜はじめに：不条理な校則に対する問題提起への違和感

　昨今、不条理な校則、あるいは根拠のない校則への問題提起が目立ってきた。靴下の色や長さ、女子生徒のタイツ着用、頭髪の色の黒染め、あるいは下着の色の検査など、市民社会では考えられない規制は人権上の観点からも疑問視されてきた。この問題へ積極的に取り組んできた荻上チキと内田良の編著書『ブラック校則——理不尽な苦しみの現実』の帯には「不条理な校則という呪縛が社会の未来の足かせとなる」「その指導に合理的な理由があるのか？」とある。しかし、私はこういう言葉を見るたびに、なにかがおかしいと思ってきた。

　こうした問題提起はその裏側に、校則を不条理でないものに、合理的で根拠があるものに改めるべきというメッセージをもつことになる。しかし、合理的な根拠のある規則など、奇妙だ。規則について「それはその通りだ」と禁止の根拠に納得できる時、納得できる者に対してもう禁止すべきことがないからだ。

となると、根拠のある規則などももはや規則として無意味ではないか。

　規則、掟、あるいは法の根拠については、昔から興味深い指摘がある。モンテーニュ（Montaigne, M. E.）は、法が法であるのはそれが正義にかなうからではなくただ法であるからで、その権威になんの根拠もないと言う（モンテーニュ, 2016, p.260）。パスカル（Pascal, B.）も、正義の本質とは現在の習慣であり、習慣が権威をもつのはただそれが受け入れられているからだ、そして、これをその原理にまでさかのぼらせる者はそれを消滅させてしまうと言っている（パスカル, 2018, p.219f.）。

　やはり、上記の校則に対する異議はなにかがおかしい。以下で考えてみたい。

第2節 ｜ ピンクのＴシャツと主体

1．Ａの挑戦

　あるエピソードの考察から始めよう。私は大学の授業で、校則と学校の指導の問題について学生に話しあってもらった。その際、ある学生Ａが以下のような経験を語った。Ａの通っていた高校では、制服のＹシャツの下には白のＴシャツしか着てはいけないとされていた。Ａはこれに納得できなかった。もっともＡは、これ以外にも学校側の根拠のわからない指導に不満があったのかもしれない。ある日、白Ｔシャツの規則に納得できなかったＡは、Ｙシャツの下に目立つピンクのＴシャツを着て通学した。教員らは注意してきたが、Ａは「なぜいけないのか、いけない理由はなんだ」と問い返した。だがＡが納得できる返答はなく、ただ「だめだ」と言われただけだった。その後、Ａは高校を卒業し大学に入学したが、しばらくたち地元に帰った際、高校に行ってその際にやりとりをした教員に謝ってきたのだという。

　これは、根拠のない規則に対しＡが意志をつらぬき通したというような物語だろうか。しかしそれなら、なぜＡはあとになって謝罪したのだろうか。ここには、人間にとっての法に関する謎が隠れているように思う。フロイト（Freud, S.）とラカン（Lacan, J.）の精神分析理論を参考に、考察を進めよう。

2．欠如と無：欲望について

　そもそも、人間は生後まだなにも見えず状況も理解できないなかでも、泣きわめいて乳を求める。ただ、そうした生理的な欲求の充足は自分1人ではできず、母親などの援助が必要である。だが、援助を〈他者〉に要請すれば、充足がもたらされるかは〈他者〉次第となる。ここで人間は、完全な充足から自分自身を引き離す。つまり、欠如を抱えるのだ。ラカンが初期理論で欲望désirと呼ぶのは、欲求besoinの充足を〈他者〉へと渡すことで自分が引き裂かれ、欠如を抱えた者の志向である。この欠如が、私たちを主体にする（ラカン，1981，p.324）。

　ある時期が訪れると、母親は子が求めるままに授乳することを止める。母親はある方法では子への愛を表現しても、子が求める通りに応じるわけではない。ここで子は、すべてを受け入れていた母の対応が変わったのはなぜか、母はなにを欲しているのかという、意味の探求を始めるほかない。〈他者〉（母親）がなにを求めているのか？という疑問は、子のものだが〈他者〉のものでもある。ここからラカンは、欲望とは〈他者〉の欲望だと言っている（ラカン，1981，p.325）。

　さて、母子の例とAのエピソードは共通のしくみをもっている。どちらも禁止によって喪失、欠如が生まれ、それが理由を知る欲望を生む。ラカンは言う。私たちは、「むさぼるな」と禁止されなければむさぼっていたのではない。この禁止がなければ、そもそも「むさぼる」ということ自体を知らなかっただろう、と（ラカン，2002，p.125）。AはもとからピンクのTシャツを着て登校したかったのではないだろう。禁止の不条理さが、それを着ることを欲望させる。

　根源的な話になるが、私たちが「ある」と思っているものはふつう、現実には存在しない。ラカンはそれを、壺にたとえる。壺を見ると、なにが入っているのだろうと思う。なにも入っていなくても。もともと、壺は空無を覆っただけだ。それなのに、覆うことで無が「ある」になる。つまり私たちは、自身が創り出した実在を見るという幻想のなかにいるのだ（ラカン，2002，pp.181ff.）。

　これは、シニフィアンsignifiantと言われるものの機能だ。たとえば日本人は「あ・め」という音・文字で、「雨」や「飴」を想起する。「あ・め」が記号

の指し示す側であるシニフィアン、「雨」「飴」が指し示される意味内容である
シニフィエsignifiéである。私たちは「雨」が実在するかのように理解するが、
「雨」は自然界の水分と重力などについて人間が意味を見出したなにかにすぎ
ない。「雨」について話す時、私たちはそれを地球上のほかの水分と重力の組
み合わせ―川でも池でも水道水でも―と同じだと認識しない。ここにあるのは、
壺とおなじしくみである。人間は実在する「雨」を「あ・め」と表現したので
はなく、「あ・め」のシニフィアンが「雨」の像を認識させる。こうして人間
はシニフィアンを使用し、人間自身を世界の真の現実から引き離してきた。

　校則の問題についての著作も多い内田良が、興味深い話を紹介している。あ
る高校生らが、校則が秩序維持やトラブル防止のためにあるとされるのは知っ
ていても、なぜそれが自分たちに適用されるのかわからないと答えたというの
だ。内田は、大人たちは「いったいなにを不安視してきたのだろうか」と衝撃
だったと言う（内田・山本，2022，p.17）。しかし、シニフィアンのしくみとして
は不思議ではない。禁止するところには、もともとなにもない。「秩序を乱す
な！」という禁止が、「秩序を乱す生徒」という像を創造するのだ。ただ、こ
の幻想はある機能を果たしてもきた。それによって私たちは、そこから「改心
する生徒」「成長する子ども」という教育の物語を紡ぐ欲望を満たしてきたか
らだ。

　だからシニフィアンは、私たちに意味世界を構成する知恵を授けている。シ
ニフィアンによって私たちは、自分自身で世界の真の現実から離れた。現実を
知ることはできないと言われれば少し悲しくもあるが、現実はさらにはてしな
く悲惨かもしれない。愛しているあの人から私は愛されているのか、父や母は
私のことを愛していたのか、私はこのまま幸福に生きていくことができるか、
私のいまの努力は無駄で将来には悲惨な出来事が待ち受けているのではないか、
など。心配し始めたら止まらないし、真の現実と向きあうことなど不可能だ。
だが、欲望はこの取り扱いを可能にする。「まえを向いて生きていけばなんと
かなる」「もっと成長すればきっと解決する」と。

　私たちはやむをえず、シニフィアンとともに生きる。言い換えると、一種の
自作自演の世界を展開する。この〈やむをえなさ〉が、法の権威の問題、ある

いはAの謝罪の問題に関係する。次の論点へ移ろう。

3. 罪・権威・恥：〈他者〉の〈他者〉はいない

Aの謝罪の謎を解明するために、フロイトの「トーテムとタブー」における「父殺し」の分析を参照しよう。原始部族などで、ある動物の殺害が禁止されていることがある。しかし同時に、その動物を殺して肉も血も骨も食いつくし、跡形もなくなったその動物の死を嘆き、喪に服すという儀式も行われる。この矛盾する禁止と儀式はなにを示すのか。

この部族には、過去に権力とすべての女を独占する父がいた。父は、成長すると権力をもちうる息子たちを追放していた。ある時、息子たちは1人ではとても不可能な父の殺害を共謀して実行し、そして父を食べつくした。強大な父の力と同一化するためである。父は憎悪の対象であり、同時に羨望の的だったのだ。だが父を排斥すると、今度は息子たち自身が相互に敵対してしまった。父による力の独占こそがこうした事態を防いでいたことに気づき、息子たちは禁止を打ち立てた。父を殺してまで手に入れようとした女の保有を自身に禁止し、そして父の代替物として象徴となる動物の殺害も禁止した。上記の儀式は、父殺しの願望と後悔・懺悔をくり返すものである（フロイト，2009，pp.180ff.）。

ここには法の、掟の根源がある。それは権力をもつ者の殺害という犯罪行為と、それへの贖罪である。Aのエピソードの経緯は、おなじしくみをもっている。高校による禁止はAに、なぜ自分の自由・権力が奪われるのかという疑問を抱かせた。ここからAは禁止に挑戦して侵犯し、そこにはもっともな根拠などないことを暴露した。しかしそれは、Aの勝利ではなかった。この規則を破ることはできても、人々がともに暮らす共同体には掟が必要であるということ自体を打ち破ることはできない。Aは禁止を侵犯してそこになにもないことを確認したが、なにもないことによって掟とはそういうものであることを知った。だが、規則を侵犯した罪はなくならない。だから彼は謝罪したのだ。

時おり指摘されるが、人間はこうした時に恥ずかしさを覚えることがある。恥とはなんだろうか。ラカン派で知られる精神科医の松本卓也は、以下のように言う。肌を露出した水着の女性を見た時に私たちが「目のやり場に困る」の

は、女性の裸を知るのが恥ずかしいからではない。私がそれを見て欲するところを知られるから恥ずかしいのである。誰に知られるのかというと、それは〈他者〉にである（松本, 2018, pp.182f.）。Aは恥ずかしかったと言っていたわけではないが、謝罪したのは〈他者〉に罪を見られたからではないか。

ラカンに関する著作もある精神科医の斎藤環は、恥を罰の効果から論じる。彼はいじめ加害者に対し厳罰でなくても処罰が必要だと言うが、それはいじめが「恥ずかしい行為である」と知らしめるためである（斎藤, 2022, p.34）。恥の感情が先行しているのではない。罰が、〈他者〉の視線を知らせるのだ。恥はその時にやってくる。もっとも斎藤は、指導はするなと言う。意味は、主体が自分で欲望し探求しないといけないからであろう。別の誰かが言葉で埋めてしまえば、〈他者〉を欲望する余地がなくなる。ラカンは、〈他者〉の〈他者〉はいないと言う（ラカン, 1981, p.323）。私たちが権威を認めるなにか—「神さま」でも国家元首でもアイドルでも—の背後に、さらにそれを基礎づける根拠が潜んでいるわけではない。小さなほこらの扉を開けてみてご神体がボロボロの石だったりすると、見ない方がよかったと思う。私たちが畏れる〈他者〉、その権威の根拠は、この畏れ以外にはない。

Aは白Tシャツしか認められないことに納得できなかったが、これを侵犯してはじめて、禁止されていたのはカラフルなTシャツなのではないと知っただろう。掟が禁止しているのは、おまえを権威づけるものは？〈他者〉の〈他者〉は？そしてその〈他者〉は……？と無限に後退することである。それは主体的に問うているようで、人間が処理しきれない真の現実の底なし沼に飲み込まれ、受動の極致に至ることである。掟への畏れは、人間をその手前で立ち止まらせる。

すでに見たように、人間はシニフィアンによって自分自身で真の現実の世界から離れた。それが、主体性（の装い）を可能にしている。しかしそれは同時に、処理しきれない真の現実を人間に対応可能なものにした。Aは権威・禁止が無根拠であることを知り、謝罪した。だがこれは、その制約の重要性を知った人間主体としての新しいはじまりであろう。興味深いことだが、Aは上記のエピソードを話してくれたあとの雑談で、大学のとあるおかしな規則・禁止が度を

越しているので、違ったあり方にできないか大学側に交渉しようと思う、と言っていた。高校のＴシャツの規則をめぐる衝突では謝罪したＡだが、不条理な禁止に対し改善策を考え探る欲望はやはり盛んなようだ。Ａは高校のＴシャツの規則から法の権威というものを知り、法とともにありながら「ではどうするか？」を模索し始めている。

 ## 第3節 | 教育は快適なもの？

1．楽しさと快適さ

Ａのたどった道筋は、掟にそもそも根拠などないなかで、それを引き受け人間主体として生きる過程なのだと示してきた。では、冒頭で紹介した不条理な校則に対する批判はどこへ向かおうとする志向なのだろうか。

少し視角を変えて考えていく。「ブラック校則」の問題を考える文脈で、荻上は学校で楽しむことや嗜好品の携帯を禁止する風潮があることについて、「学校で楽しんではいけないのか」と疑問を示し、また「学校を温室化」すべきと言う（荻上・内田，2018, p.233f.）。

この主張の検討には、背景としての現代社会の考察が欠かせない。稲田豊史は著書『映画を早送りで観る人たち』において、いわゆる「Ｚ世代」の一定数の人々が映画等を早送りで、観たい部分やあらすじだけを観るようになったと言う。そして、ここにあるのは作品を「鑑賞」することではなく、観たことで周囲の話題についていけるというような実利的な目的だと指摘する（稲田，2022, pp.25f.）。このような実利的な姿勢が優越する時、彼ら／彼女らには、作品で描かれる自身が共感できない価値に向きあい理解に努めるというような態度はない。それは大きなエネルギーを必要とする上に快適でなく、「コスパ」（コストパフォーマンス）が悪いからだ。重要なのは、ある物語の内容、もしくは部分的な言説が彼ら／彼女らがすでにもつ考えを補強してくれることである（稲田，2022, p.207）。つまりこうした消費では、利益が「コスパ」よく手に入り、快適さが損なわれないことが重要になっている。「コスパ」と快適さのまえで、理解不可能な〈他者〉が大きく後退することになる。

現代の消費を分析してきた久保田進彦は、これに関連する重要な問題を指摘する。現代の私たちはわかりやすい「ベネフィット」を求め消費するようになったが、それは過去の人間たちが交換において「ブランド」という象徴を消費したり、特定の売り手や関係者との通時的な互恵性の規範を形成したりしていたことからの、大きな変化だという（久保田，2020，p.68）。たしかに、そうだっただろう。「ブランド品」はモノだが、その利便性より「ブランド」という象徴を消費していた。また、店舗にいる売り手と徐々に関係ができていくことも、楽しみを刺激する。しかし、直接的・現実的かつ即座に認識できる利益にしか関心をもたなくなった消費者には、それらは余計でしかない。

　かつて人間が自分の生活に役立つ優れたモノに簡単に出会えなかった時代、あるいはそのモノに関する情報を入手する手段が少なかった時代、「ブランド」のような象徴は製品についての信頼の記号として重要であったろう。私たち人間は、そうした象徴を形成する次元のやりとりにおいて、だまされながら真偽のほどをたしかめたり、象徴で隠されたところを探りすぎて痛い目をみたりしながら、情報の扱いやコミュニケーションの技能を身につけてきただろう。しかしそれが、直接的かつ即座に実感できる利益にしか興味をもたなくなった現代人には重要と思われなくなってきたということだ。

2．ラカン派と享楽の分析

　これは、ラカンが晩年にかけて論じた享楽jouissance（英語でenjoymentと訳される楽しさ・悦び）の問題であろう。ラカン派の論客である立木康介は、もともと享楽はなにかが隠されるところに発生していたのに、現代人は享楽を過剰に志向するがあまりその露出を求め、それを覆い隠していた象徴が衰退していると言う（立木，2013）。たしかに現代では、「自分語り」でも恋愛リアリティショーでも不祥事でも、かつてはプライベートなことがらとして公の場に露出していなかったものを人々が悦んで消費している。そうした「なまなましいネタ」を口にしないマナーや美徳の方が悦びをもたらしていたのは、もう遠い昔のことか。掟でも「ブランド名」でも、象徴は自分固有のものではないが、だからこそ〈他者〉と共有でき関係形成を可能とする。それは、自分が欲することを

〈他者〉の視線において行うという、反省的思考の手がかりだ。私の欲望が〈他者〉の欲望だというのは、そういうことである。しかし現代人は、自分の感覚的な享楽を追求することでそうした象徴を衰退させている（立木, 2013, p.231f.）。

　ラカンの後期理論によれば、こうした享楽は自分の感覚に依拠するにもかかわらず、不完全にしか実現できない。というのも、享楽の探求は動画でも言葉でも当然ながらシニフィアンを通じてなされるが、すでに見たようにシニフィアンは私たちをもう不完全な方へと切り出してしまっているからである。主体にとって享楽の手がかりはシニフィアンしかないが、これを使ってこれに出会うまえへは戻れない。たとえば、私たちは「愛」というシニフィアンを満たし悦びをえようと、言葉（シニフィアン）の使用が過剰になる。だがその時、私たちはその語り自体に満足できてしまう。これは「愛」のシニフィアンが生む剰余を追っているということであり、誰かに向けた「愛」が自己愛的な幻想になっているということだ（ラカン2019, pp.4f.）。こうして享楽は不完全な再現しかできないから、主体は「もっともっとencore」と急かされ命令されるが、私たちは再度不完全な反復をくり返す（松本2018, p.56）。これが理解できない時、私たちは享楽の囚人となってしまう。

3．学校は楽しくあるべきなのか？

　現代の学校教育において「楽しい」「面白い」ことが目指されるのも、これと無縁ではないだろう。それは、至るところで見られる。教員志望の学生のレポートには、そうした志向ばかりがあふれている。大学で、10人強の学生に次のように聞いたことがある。「大学生のいままで、学校で数えきれないほどのグループワークを経験してきたと思うが、グループワークで学習するのは楽しかったか」。すると「楽しかった」と答える。「では、そこでなにを学習したか覚えているか」。「……」。みなが、ほとんど覚えていないようだった。ラカンの分析からすれば、十分ありえる。彼ら／彼女らがグループワークのやりとりで行ったのは、誰も傷つけない快適さの代わりになんの衝撃ももたらさないコミュニケーションによる、享楽の再現だったのだろう。それでは、自分が理解

不能な〈他者〉の欲望するところを欲望することはない。だから新しい探求はないし、当然、学習もない。彼ら／彼女らがグループワークでなにを学んだか覚えていないのも、もっともだ。

　さて、ようやくだが最初の疑問を解決したい。不条理な校則は改めるべきなのだろうか。まず、改めるべき規則や指導はあると言っておく。たとえば下着の色の検査（女子生徒に男性教員が検査する場合もある）は、制服のような象徴に本来覆われるべきところを露出させ、あるいは奪い去る。これでは、そこは大事に、秘密にすべきという〈他者〉からのメッセージを、そしてその権威をどう形成せよというのか。教育や指導を騙りかえって子どもが主体となることを困難にするこうした醜悪な事態は、防がなければならない。

　ただ「不条理な校則は改めるべき」と一般的に言えるかというと、それは無理だと言うほかない。すでに見たように、掟とはそもそも不条理だからだ。ある人間が禁止に納得する時、もはや禁止は必要ない。つまり、規則はそこで消滅している。不条理な校則一般を問題とし規則を完全に理に適うものにしようとする時、私たちは規則そのものを消滅させようとしているのだ。

　そして、校則の不条理と学校の楽しくなさが並列に置かれることには、注意しなければならない。理に適うことを楽しさや快適さから判断すれば、私たちは容易に、不条理なものとしての掟を廃棄することができる。すでに見たように、掟は贖罪に由来する。この罪は、私の幸福は私の力に由来しないことに関する、私の無理解から始まっている。部族の父の逸話のように、誰かが私に幸福をもたらしてくれていても、私がそれに気づけるのは無邪気に幸せを享受する横暴が行き過ぎたあとである。この自分の愚かさへの贖罪が、掟の背後に〈他者〉の権威を認めさせる。しかし、この〈他者〉が知らせる罪の苦悩を回避し私の楽しさ・快適さを判断基準とするなら、私は誰かからの禁止に従う必要などない。ここで、人々に秩序をもたらす掟は消滅してしまう。

　稲田の動画視聴の考察、ラカンの享楽の考察は、現代社会を生きる人々が今や理解不能な〈他者〉がもたらす苦しみの回避に夢中であることを示している。楽しさ、快適さの探求は私たちをとりこにし、象徴、〈他者〉の視線を介在させた抑制的なコントロールを喪失させる。歴史的に人間は、神が定める運命を

信じなくなって以来、自分たちが形成した社会の苦しみとみずから格闘しながら自他を助け、進歩を欲望してきた。苦痛の回避に躍起になるとは、こうした人間主体の歴史が終わりを迎えつつあるということだ。

　大学では、楽な学生生活がずっと続けばいいのに、と言わない学生に出会うことは珍しい。世界・社会で解決が困難な課題がますますあふれ市民性教育の重要性が叫ばれる時代に、不条理に耐えることより回避することを目指す多くの人々がいる。これを全面的に否定するつもりは、一切ない。だが、Ａが経験したように主体形成には不条理がつきものであるところ、学校から不条理なものを取り除いて私たちはどこへ向かおうとしているのか、このような時代状況をふまえてもっと慎重に、精密に考察すべきであるように思う。

 ## 第4節 おわりに

　不条理な校則の問題性は、学校教育に関するものとして語られてきた。だがこの問題化は、政治的・社会的には両義的な影響をもっているように見える。学校が不条理を撤廃し居心地がよくなる時、もちろんそこへの包摂は進む。一方で、私たちの周囲から不条理なものを削減していって、はたして私たちは世界の紛争や不平等・貧困などの不条理な政治・社会問題を解決すべきと考えるようになるだろうか。私たちの心身が、テクノロジーから提供される快に屈しつつある状況で。

　ある選択がなにを捨てることを意味し、そしてそれが私たちをどこへ向かわせるのか、さらなる精密な探求が必要なはずだ。そして、こうした時代に学校教育がどうあるべきかについては、もはや学校教育のみを検討対象として考察していては解を導けないだろう。

（佐藤　晋平）

【引 用 文 献】

フロイト，S.　須藤訓任（責任編集）（2009）．フロイト全集12：1912-1913年──トーテムとタブー──　岩波書店

稲田豊史（2022）．映画を早送りで観る人たち──ファスト映画・ネタバレ─コンテンツ消費の現在形

―― 光文社

久保田進彦（2020）．デジタル社会におけるブランド戦略――リキッド消費に基づく提案―― マーケティングジャーナル, 39（3）, 67-79.

ラカン, J.　佐々木孝次・海老原英彦・芦原眷（訳）（1981）．エクリⅢ　弘文堂

ラカン, J.　小出浩之・鈴木國文・保科正章・菅原誠一（訳）（2002）．精神分析の倫理　上　岩波書店

ラカン, J.　藤田博史・片山文保（訳）（2019）．アンコール　講談社

松本卓也（2018）．享楽社会論――現代ラカン派の展開――　人文書院

モンテーニュ, M.　宮下志朗訳（2016）．エセー　7　白水社

荻上チキ・内田良（編著）（2018）．ブラック校則――理不尽な苦しみの現実――　東洋館出版社

パスカル, B.　前田陽一・由木康（訳）（2018）．パンセ（改版）中央公論新社

斎藤環・内田良（2022）．いじめ加害者にどう対応するか――処罰と被害者優先のケア――　岩波書店

立木康介（2013）．露出せよ、と現代文明は言う――「心の闇」の喪失と精神分析――　河出書房新社

内田良・山本宏樹（編著）（2022）．だれが校則を決めるのか――民主主義と学校――　岩波書店

📖 読者のための図書案内

＊片岡一竹（2017）．疾風怒濤精神分析入門――ジャック・ラカン的生き方のススメ――誠信書房：難解と言われるラカン理論を、非常にわかりやすく説明している。入門書としては、とても良書である。

＊向井雅明（2016）．ラカン入門　筑摩書房：ラカン理論について、時期の違いも含め詳細に解説している。「入門」の域を超えた難易度と感じる読者もいるかもしれないが、すぐれた解説書である。

＊松本卓也（2018）．享楽社会論――現代ラカン派の展開――　人文書院：現代社会で人間・主体がきわめて不安定な状況に陥った理由を、ラカン理論やラカン派の諸論考をまとめながら明快に論じている。私たち人間が気づかないうちにどこへ向かっているのかを考える上で、非常に重要な視点を示している。

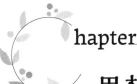 hapter

思想としての障害児教育

現在の障害児教育において特別支援学校制度は、日本型インクルーシブ教育として当事者である児童・生徒・保護者を中心におおむねの理解を受けて実践されているといってよいだろう。一方2022年8月、国連障害者権利委員会は日本の現状を「分離教育」として指摘・批判しその中止を総括所見として勧告した。

当該国の日本はその勧告を受け入れてはいない。では自国で多くの人々に流布し実践されている日本型インクルーシブ教育とは、どのような経緯で成立・制度化されて現在に至り、今後からどのように変容すべきなのであろうか。

 第1節 │ 養護学校義務化と特別支援教育構想の再考

1．国連障害者権利委員会からの日本型インクルーシブ教育批判

　現在の日本型インクルーシブ教育一般においては、障害児者の心身を発育・発達・教育・心理・病理という定量（数値化）的に共有しやすい領域を基礎として、診断・治療・矯正・学習ならびに支援という形で、それらに対応する「方法」によって語られる。もちろんそれらの「方法」のなかには優れた科学的成果報告も多く、現場の実践に反映されてきた。しかしそれらの発育発達論、治療、支援などがどのような経緯でモデル化され現在採用されているかを問うことはさらに重要である。障害児教育におけるこの領域（発育発達論、治療、支援）はその時代の社会思想史的な影響が反映されていると思われる。この社会思想的な背景は常に検証されなければならない。なぜなら、限界を常に意識する健康的な科学が神話（科学主義）化されないためにはすべての科学モデルは常に上書きされなければならないからである。

　2007年にスタートした特別支援教育構想は現在の学校教育現場の主要な実践的根拠となっていると思われるが、この構想の条件としてそれ以前の1979年に

施行された養護学校義務化が大きく関わっていると思われる。

　いわゆる「54義務化」と称されるこの障害児学校制度の一大転換は、それまで重い「知的障害」のために「就学の猶予・免除」として学校教育現場から排除されてきた児童・生徒の学習・発達の保障として制度化された。一方でこの義務化は多くの障害児童を地域から隔離し、障害のある子どもとない子どもを「分ける」教育に貶めるものとして反対の声があがった。その教育思想的対立を引きずりながら現在の特別支援教育構想が成立し、現在の日本の教育実践情況となっていると考える。

　つまり養護学校義務化を評価する人々は発達と学習の権利保障において科学化された課題を根拠に、子どもの就学権獲得として積極的に推し進めている。

　他方、養護学校義務化に反対する人々は「すべての子どもたちが地域で学ぶ」ことを力説して現在に至っている。この立場に立つ人々は、発達や学習の保障を超えた地域での生活や学びの「関係」を重視する。この二項対立ともいうべき子ども観・地域観・教育観・学校観の思想的差異に関しては本節第2項で検討する。

　2022年8月、国連障害者権利委員会は日本の現状を「分離教育」として指摘・批判し特別支援教育の中止を総括所見として勧告した。しかし現下の政府はその勧告に対し「特別支援教育を中止することは考えていない」（長岡桂子文部科学大臣）と表明した。東（2022）は、2006年に国連総会で採択された障害者権利条約への日本の批准が2014年であり多くの他国から遅れたことを指摘しつつ、国連障害者権利委員会総括所見の妥当・有益性を確認し次のように報告している。

①日本に対する総括所見は障害者の人権問題を全面的に反映していること、

②その根拠として総括所見が障害当事者を含む運動団体・関連事業者・NPO等の意見によって十分に反映されていること、

③国家の法制度のもとに地域における学校と生活が分離されたことは、障害児者の社会的排除であること、

④人権の伸展に向けて現下の日本政府の姿勢には期待できないこと、

⑤総括所見に対する今後の改善には、障害者団体側によるさらなる結束とその結果としての政府への政策提言・戦略が望まれていること、

の５点である（概要要約は筆者）。

　さらに一木（2022）は、総括所見を受けた直後に行われた国連障害者権利委員会と日本政府の対話を報告している。各国の権利委員会メンバーからの質問と意見に対して主に文部科学省特別支援教育課長が回答する形となっているが、ここではもっとも象徴的な委員会からの指摘を概要として引用する。つまり、日本政府の決定的な認識不足に関する指摘である。

①インクルーシブという語が正しく翻訳されていないこと、

②国連障害者権利条約においてはインクルーシブ教育概念に「分離教育」は含まれず、特別支援学校・特別支援学級という「多様な」教育の場を用意し、それらをインクルーシブ教育システムとする日本の文部科学省定義は完全に否定されること、

③「障害による学習上又は生活上の困難を克服し自立を図る」という医学モデルを社会・人権モデルに変更すること、

の３点である（概要要約は筆者）。

２．いわゆる「分けない教育」の歴史的背景

　前項において、養護学校義務化の成立が今日の特別支援教育構想の条件であり、養護学校義務化賛成派と反対派の対立構造から賛成派が優位となり特別支援教育構想が生まれたと述べたが、それは単純で早計かもしれない。この点に関しては特に久米（2022）からの指摘が重要である。以下に引用・要約する歴史・思想史的考察と検討は見逃すべきではないだろう。

　少し長くなるが、久米による考察と検討は以下のようにまとめられよう。

①「障害児」「健常児」という形容によって国が線引きを行い、その線は国の都合によりしばしば変更されてきたこと、

②その線引きのあいまいさによって、「健常児」と「障害児」という対立項が出現し、子どもの区分けによって学校教育における統合・分離教育が行われてきたこと、

③戦後以降、障害の種類は増やされ、1960年代前半の情緒障害児という用語の頻出に始まり1970年代の自閉症を経て1990年代に発達障害が加わり現在

に至っていること、

④子どもの障害による区分けがあいまいであるならば健常児、つまり平均（標準）的な子どもはどこにも存在しないこと、

⑤学校教育実践においては、障害児のみならず、すべての子どもになんらかの差異（違い）が存在し、多様な支援や配慮が必要であること、

⑥それらの子どもの「生きにくさ」は障害の有無に限らず、言語・文化的な背景ならびに貧困等の環境由来にあること、

の6点である（概要要約は筆者）。

　さらに久米は戦後日本の障害児教育史研究における傾向を2つ指摘している。子どもから障害児を分ける障害児教育史（分ける教育）と分けない教育史（分けない教育）の研究傾向である。前者においては、1980年代までそれを推進する研究者によって養護学校義務化が擁護された。しかしその後1994年のサマランカ宣言によるインクルーシブ教育概念が国内に導入され、2001年には世界保健機関（WHO）によって国際疾病分類（ICDIH）は国際生活機能分類（ICF）へと変更された。この変更は、社会参加できないのは個人に障害があるからではなく、社会環境が障害児者を社会参加させないようにしているというモデルへの転換を意味する。その後、日本政府は他国に遅れて障害者権利条約に署名（2007年）、批准（2014年）した。

　この点における久米の重要な指摘は、1973年に養護学校義務化の政令が出され1979年に実施されたそれまでの経緯に関する研究がほとんどなされてはいないという点である。つまり「分けない教育」は養護学校義務化反対という考え方のみから単純に発生したのではない、ということへの着眼である。

　加えて久米は当時における養護学校義務化賛成・反対の両派に共通する欠陥について、インクルーシブ教育の対象児童・生徒を「障害児だけの特別なニーズに基づいた教育である」ととらえた点である、と批判している。インクルーシブ教育の目的は、子どもの障害にかかわらず貧困を含むあらゆる環境上の困難性を排除する社会的課題に着目することであるからである。この指摘は当時の研究史の傾向としてはうなずける。さらに障害児を分けない学校教育におい

て、障害児とそうでない子どもの「関係」に注目している点、障害児者の扱われ方において福祉と優生政策（思想）という一見相反する考え方がいわば「共犯的な関係」を背景として分ける教育につながっているという指摘は非常に示唆的である。

 ## 第2節 │ 学習と発達の保障か 関係の重視か

「学習と発達」と「関係」はいずれも当事者に保障すべき重要な権利である。発達はその変化が定量（数値）化しやすく、学習も尺度化は可能である。反面、関係の定量化はきわめて困難である。

前述の久米の指摘の通り、1979年の養護学校義務化を経て2007年の特別支援学校構想が形成され現在に至っている。養護学校義務化賛成派が「発達と学習」の科学化によって、反対派の、科学化されにくい「関係」重視論を押し切ったとも推察されるが、ここでは学習と発達の科学的客観性と地域や関係のとらえ方について考えてみたい。以下、1970年代における発達保障論者の茂木俊彦の主張と、地域における「関係」の展開と創造を重視する篠原睦治の主張を引用して検討してみたい。

まず茂木（2011）は、子どもの就学先選択の原則として次のように断言している。①就学問題はすべてケース・バイケースではない、②原則とすべきは、子どもの障害の種類とその重さであり、相対的に重い場合には「盲学校」「聾学校」「養護学校」、軽い場合は「障害児学級」を選ぶべきである、③障害児が無理をして通常学級に入ると、みんなについていけないだけでなく、その子が発達していくために今必要とされる活動がほとんどできなくなってしまう、④通常学級でこれを保障することはほとんど不可能である。この引用からは、発達と学習を第一義として優先する立場が明らかである。

さらに茂木（2017）は2007年の特別支援教育構想に対して、「知的障害」を伴わない発達障害児（LD学習障害・ADHD注意欠陥多動性障害・高機能自閉症等）（筆者注：原文をそのまま表記）をその対象に含めたことを国策の前進として評価する。つまり一層に細分化された子どもの障害種と程度によってオーダーメイドな学

習と発達の保障がなされるということである。しかし、「学校での学びとは何か？誰の学びか？」「発達はなぜ克服すべきなのか？」という疑問は残る。さらに茂木は、特別支援学校が地域におけるセンター的機能を形成することを重視する。ここでいう地域とは子どもが生まれ育った地域そのものではない。特別支援学校を核とする地域であり、そこで行われる連携とは医療などの学校・福祉施設等で専門家に囲まれた時空間を意味する。しかし、子どもにとっての地域とは「近所の○○ちゃん」であり「お菓子屋さん」であり「2、3軒先の親戚」、つまりいろんな人々が生活する関係の場である。茂木の構想と主張に従えば、そこに特別支援学校はない。

　篠原睦治の主張を確認してみよう。篠原（1990）は、生活か治療か、という視点から茂木の発達保障論を批判する。茂木の主張する子どもたちへの支援方法は、問題行動をくり返す子どもに対して専門家らの介入（治療や矯正と教育）による「症状の消失」を第一義としてその子どもを含む家族の生活を安定に向かわせることであると判断してよいであろう。

　篠原の場合には、その子どもの生活（親等を含めた家庭事情）を工夫・改善した結果、その「関係」の広がりとして期待される発達が求められるという点を主張する。両者の子どもへのアプローチとそれに対する支援の方法は正反対なのである。

　ここで篠原の主張に関連する「関係」をキーワードとする筆者が体験した一事例を紹介してみたい。この報告は2009年度教員免許更新講習テキスト、第3章 特別支援教育の課題、文教大学資料からの引用である（八藤後，2009）。

　①1988年、埼玉県南部の公立高校定時制課程に自閉症の男子が1人、入学を志願した。②彼は小中学校とも通常学級に在籍してきた。③受検に関する討議が職員会議でくり返された。④若い女性教員が「このような受検生はその障害の程度に添った教育を受けられる養護学校（現 特別支援学校ほか）で教育を受けるべきだ」と発言した。⑤同時に多くの教員から「障害の程度や試験の点数にかかわらず受検と入学を認めるべきだ」という意見が出された。⑥その結果、試験結果が零点でないことを条件に特別受検が許可された。⑦彼は一教室に1人で、入学許可反対の女性教員（前述④・主監督）と男性賛成教員（筆者・副監督）

２人のもとに開始された。⑧こだわりと多動が顕著な彼は５分間以上持続して席に座っていることができず何度も受検教室を歩き回り、そのたびに監督者からの注意で自分の机に戻った。⑨挙句の果てに彼は主監督女性教員が身につけているブラウスのリボンの結び目にこだわり、何度も教壇へと進みそのリボンを直そうとしたが、その女性教員の注意を受けその都度席に戻った。⑩合否判定をめぐり職員会議は長時間にわたり紛糾した。⑪入学反対を表明していた主監督女性教員はリボンのことにはふれずに発言した。「私は先の会議で彼が養護学校へ入学することを主張したが、彼はなんとかこの学校で学ぶことができると思う」。⑫採決の結果、彼は不合格と判定され、入学はできなかった。

ここで入学受検生の合否以上に筆者が注目したいことは、女性教員が上述の④入学と就学許可反対から⑪それらの許容へと変化した点である。筆者は21年後の2009年にその女性教員と当時のふり返りを試みた。しかし彼女からの明確な変化の理由は得られなかった。「自分でもあの当時のことは忘れがたいのですが、とにかく理屈抜きに受検生はこの学校でやっていけると直感的に思ったんですよね。それで合格判定の職員会議で入学許可に賛成意見を……」。

彼女のこの直感的な判断はもちろん科学的根拠に基づくものではない。しかし現場ではそのような判断はよくあることで、決して無視すべきではない。事例は容易に一般化できないが、厳然として「在る」。このような現場における事実の価値的判断はそこに居合わせた当事者たちによる以外にはない。受検生は不合格となったが、その場に居合わせた多くの当事者のなかにどのような「関係」性が生じたかという点に着目したいのである。

さらに入学や就学の可能性を求める条件は、定量化された発達・知能等だけではない。それらは「関係」を生み出す条件のひとつではあるが、それらに加えて障害や疾病における「正常」と「異常」のあいまいさの自覚が必要となる。その観点から筆者はこの報告の最後に児童精神科医の高岡健による以下の主張を参考として引用した。

高岡（2002）は、児童精神医学の立場から以下の３点を主張する。①診断とは人間と共同体に生じる経済社会現象であり、生物体内部の自然現象に対する行為ではない。診断がめざすものは、共同体の安定を求める宿命を孕む。診断

に手を染めるものはこの宿命から目をそらすべきではない（筆者注：「手を染める」は著者原文のままに表記した。著者自身によるこの否定的な形容には次項②に関する専門家としての重要な自覚が示されていると判断する）。②査定とは「異常」の数量化と可視化であり外部の眼差しが加わることで症候となる。「正常」と「異常」の連続性を分断する人為性は逃れることができないが、連続性を断たれた基準は、その査定において「異常」を特定するイデオロギーとなる（筆者注：アメリカ精神医学会の診断と統計のマニュアルDSM5では、2013年以降「異常と正常」は連続性（スペクトラム）を有するものとして「異常」を特定する概念ではないとしている）。③診断と査定により共同体の外へと排除された存在（非定型発達児者）を共同体内に取り戻すためには、診断と査定の多様性・選択性・拒否性が保障された経済社会的、医療保健福祉的サービスの用意が条件となる。これらの条件は未だ確立してはいない（概要要約は筆者）。

　これら①から③には「治療する側とされる側」との間の権力的な関係性に着目する、児童精神医学者としての矜持と希望可能性が表明されている。

　高岡が示す「共同体」とは私たちが生まれ育ってきた「地域」であり、「排除された存在を共同体に取り戻す」ことは、公教育における障害児者の学校選択多様性にも通じると解釈できよう。

　これまで、国連障害者権利条約による日本型インクルーシブ教育批判を皮切りに、養護学校義務化とその後の特別支援教育構想の経緯と検討を中心に論じてきた。加えて障害児教育が重視すべきことに関して、「発達保障」と「関係」の対比で検討した。さらに障害児の普通高校入試をめぐる教育観の相違に関して事例をもとに考察した。ここでは子どもの学校生活におけるさまざまな「能力観」が教える学校側に強く影響を及ぼしていることを確認し、この「能力観」の根底にあるのは「異常と正常」の概念規定とそのあいまいさであるという点に注目した。

　以上のことを総合的に考えると、障害の有無にかかわらず教育と学習の場はどこにあるべきなのかという課題に帰着するような気がする。つまり「学び」を生成させる時空間としての「地域（共同体）」とはどこにあるか、である。

　地域共同体本来の豊かさを取り戻すことを、山下（2010）は教えてくれる。

山下は、個人モデルである医療モデルや、社会モデルという個人対社会という構図とは別に、地域（共同体）における障害児・者と非障害児・者の多様な「関係」の切り結びの面白さと重要性を指摘している。

　障害児教育の領域を超えて、教育と学習のあり方は地域共同体とともに変容する。

（八藤後　忠夫）

【引 用 文 献】

東俊裕（2022）．障害者権利条約の第一回日本報告に対する総括所見――その概要と意義――　特集2 障害者権利条約・日本の審査をうけて　福祉労働, *173*, 54-65.

一木玲子（2022）．国連は、どうして特別支援教育中止を勧告したのか――障害者権利条約第一回審査と総括所見から――　特集2障害者権利条約・日本の審査をうけて，福祉労働, *173*, 98-105.

久米祐子（2022）．子どもから障害児を「分けない教育」の戦後史――インクルーシブ教育とは――　公益社団法人 福岡県人権研究所

茂木俊彦（1997）．統合保育で障害児は育つか――発達保障の実践と制度を考える――　子育てと健康シリーズ10　大月書店

茂木俊彦（2007）．障害児教育を考える　岩波書店

篠原睦治（1986）．「障害児の教育権」思想批判――関係の創造か、発達の保障か――　現代書館

高岡健（2002）．診断と査定の構造　岡村達也（編）　臨床心理の問題群　メンタルヘルス・ライブラリー8　（pp.92-101）批評社

八藤後忠夫（2009）．特別支援教育の課題　精神医学からみた障害児教育、2009年度教員免許更新講習テキスト，1-2　文教大学所蔵資料

山下浩志（2010）．障害が照らし出す地域――わらじの会の30年――　わらじの会（編）地域と障害しがらみを編みなおす（pp.12-76）現代書館

📖 読者のための図書案内

＊国民教育文化総合研究所（編）(2014)．分けないから普通学級のない学校――カナダBC州のインクルーシブ教育――　アドバンテージサーバー：カナダブリティッシュコロンビア州の現地視察と調査をもとに、そこで実践されているインクルーシブ教育の事例が報告されている。

＊猪瀬浩平（2019）．分解者たち――見沼田んぼのほとりを生きる――　生活書院：自閉症の兄を持つ著者が「障害児・者が地域で生きる意味」を様々な視点から語る、自己史的論考。

hapter _____ 11

インクルーシブ教育
における**障害観の相克**

　20世紀前半は、障害を治療・訓練・改善の対象と捉える医学モデルの障害観が主流であったが、同世紀後半には、障害者のアイデンティティを尊重し、社会環境の変更によって障害者の社会参加を実現しようとする社会モデルの障害観が登場してきた。今日のインクルーシブ教育は、この社会モデルの障害観を前提としている。しかし、社会モデルの障害観をふまえた教育や支援の実践において、医学モデルの障害観との相克ともいえる場面に出会うことがある。本章では、この障害観の相克を超えるとはどのようなことか、そして、障害当事者との対話を通じて社会的障壁を認識することの意義について論じる。

 第1節 | **現代の障害観**

1. 障害の定義と2つのモデル

　日本の障害者施策の基本原則を定める障害者基本法第2条は、次のように用語を定義している。

①障害者　身体障害、知的障害、精神障害（発達障害を含む。）その他の心身の機能の障害（以下「障害」と総称する。）がある者であつて、障害及び社会的障壁により継続的に日常生活又は社会生活に相当な制限を受ける状態にあるものをいう。

②社会的障壁　障害がある者にとつて日常生活又は社会生活を営む上で障壁となるような社会における事物、制度、慣行、観念その他一切のものをいう。

　この定義から分かることは、障害とは、「心身の機能の障害」の側面をとらえるだけでは不十分であり、その「心身の機能の障害」を有する者が社会的障壁によって、継続的に日常生活や社会生活で相当な制限を受ける状態にあるかどうかという側面からも捉える必要があるものなのである。

この「心身の機能の障害」は医学的診断基準で鑑別されるため、この側面の把握に重きを置く見方を医学モデルの障害観と呼ぶ。医学モデルでは、「障害という現象を個人の問題としてとらえ、病気・外傷やその他の健康状態から直接的に生じるものであり、専門職による個別的な治療というかたちでの医療を必要とするもの」とみる。したがって、障害への対処は「治癒あるいは個人のよりよい適応と行動変容を目標」（障害者福祉研究会, 2002）としてなされる。医学モデルは、障害を個人の問題としてみるため、個人モデルともいう。

　一方、「社会的障壁」による障害者の生活上の制限をとらえる見方を社会モデルの障害観という。社会モデルでは、障害を「主として社会によって作られた問題」と見なし、「障害のある人の社会への統合の問題」としてみる。すなわち障害は、「個人に帰属するものではなく、諸状態の集合体であり、その多くが社会環境によって作り出されたもの」であるとされる。したがってこの問題への対処では「社会的行動」が求められ、「障害のある人の社会生活の全分野への完全参加に必要な環境の変更を社会全体の共同責任」（障害者福祉研究会, 2002）と捉える。

　歴史的にみれば、20世紀に入り、障害児・者の教育、福祉、リハビリテーションの組織化、制度化が進む前提にあったのは、医学モデル・個人モデルの障害観であった（中村, 2007）。一方、1950年代後半以降、欧米を発端として、それまでの施設を中心とした障害児・者の処遇のあり方が問い直され、地域社会を中心とした生活への移行が図られるなかで、障害児・者の生活に関わる社会的諸条件や環境要因を重視する社会モデルの障害観が生まれることになる。

２．国際障害分類（ICIDH）から国際生活機能分類（ICF）へ

　1980年、世界保健機構（WHO）が採択した国際障害分類（International Classification of Impairments, Disabilities and Handicaps：以下、ICIDH）は、障害を機能障害、能力障害、社会的不利の３つの次元で把握する障害モデルを提示した。図11－１に示すように、ICIDHの考え方は、病気や変調の結果として機能障害が生じ、機能障害により日常生活や学習における能力障害が生じ、さらにその帰結として社会的不利という社会生活レベルの障害が生じるというものであった。この社会生活レベルは障害者を取り巻く社会的諸条件との関係から説明さ

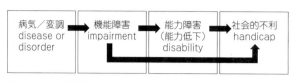

図11－1　国際障害分類（ICIDH）1980年版の障害モデル（筆者作成）

れるものでもあるから、ICIDHは社会モデルの障害観を反映したものであった。

　2001年に採択されたICIDHの改訂版である国際生活機能分類（International Classification of Functioning, Disability and Health: 以下、ICF）では、この社会モデルの考え方がさらに明確となる。

　図11－2はICFのモデルであるが、3つの次元はそれぞれ心身機能・身体構造、活動、参加という用語で示され、これらに問題がない（中立的な）側面は生活機能（functioning）という包括用語で要約される。一方、これらの次元に問題がある場合はそれぞれ機能障害（impairments）、活動制限（activity limitations）、参加制約（participation restrictions）という用語で示され、これらは障害（disability）という包括用語で要約される。

　ICFでは、人々が生活している物的・社会的・態度的環境を分類するために、環境因子のリストが作成され、それが個人因子とともに生活機能と障害に関わる背景因子に位置づけられた。この環境因子は251項目に及び、「1生産品と用具」「2自然環境と人間がもたらした環境変化」「3支援と関係」「4態度」「5サービス・制度・政策」の5つのカテゴリーに分類される。環境因子は、社会的障壁による障害の発生を説明することを可能にするものである。

　また、ICFのモデルの矢印は、ICIDHのそれが病気・変調を発端とした一方向であるのとは対照的に、すべての構成要素が双方向で示される。ここにも、ICFが障害の発生理由を病気・変調に帰する医学モデル、個人モデルを相対化し、社会モデルをふまえようとする姿勢が示されている。

　ICFが提起する人間観・障害観は、次の2点に要約できる。第1は、障害は誰もが経験しうる事象であり、人間を障害の有無に関係なく一元的にとらえるという見方である。第2は、障害は、環境因子との相互作用によって生じるものであるという障害の社会モデルの見方である。したがって、ICFに基づく障

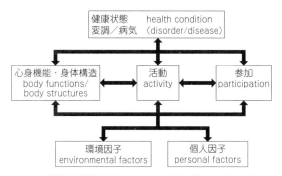

図11－2　国際生活機能分類（ICF）2001年版の障害モデル（筆者作成）

害への対処においては、個人が生活する物的、人的、態度的環境の変更、すなわち社会変化を求めるアプローチが一層重要になる。

　こうした人間観・障害観は、障害の有無にかかわらず、学校で学んだり、地域で生活をしたりするための環境要因である「支援」を、学校や社会にどのように位置づけられるかという問いへと、私たちを導く。

 第2節 ┃ 障害観の変化と「支援」

1.「支援」とは何か

　「支援」とは、障害の社会モデルをふまえるならば、障害のある人が学校や地域で経験する活動制限や参加制約を解消するためになされる物的・社会的・態度的環境の変更・調整であるということができる。ところで、この物的・社会的・態度的環境は、多くの場合、マジョリティである障害のない人々によって作られており、障害のある人々にとっては、所与の環境がそもそも活動しづらく、参加を阻むものであることが多い。

　階段しかない建物、墨字のみの資料、音声のみの講演、わかりづらい言葉で説明される行政文書など、枚挙にいとまがない。また、障害に対する無知や偏見により、「何もできない人」と見なされたり、逆に、本人の意思を確認することもなく、「人の助けを借りずに自分1人でしたいはずだ」との先入観で応対されたりすることも、障害のある人が直面しがちな人々の態度である。

つまり、所与の物的・社会的・態度的環境のなかに、すでに社会的障壁が存在しうるのであり、そのような社会的障壁を取り除き、障害者が活動、参加しやすくすることが「支援」である。ところで、障害者基本法には「社会的障壁の除去は、それを必要としている障害者が現に存し」ている時は「その実施について必要かつ合理的な配慮がされなければならない」（障害者基本法第4条第2項）という規定があるが、これも「支援」の規定であるといえる。

2．障害観の変化と障害克服論
（1）個人モデルに基づく障害克服論

　社会モデルの障害観の登場以前において、障害のある人々は、個人モデルを基盤として、職業的・経済的自立に重きをおいた自立と、障害のない人々を規準とした行動様式やコミュニケーション方法の習得を期待された。障害児の教育は、このような自立像に規定されたため、たとえば、昭和30～40年代の聾学校は、次のような教育方針のもとで行われた。

> 自己の障害を克服し、口話を身につけ、一般社会と円滑に交信出来る能力を養い、強く正しく、明るく、生きる生活態度を培い、豊かな情操と、円満な人格の完成をめざし、働くことの喜びと、健全な人生観を得ることの出来るよう育成する（東京都立品川ろう学校，1957～1965；1970；1975）

　この教育方針が重視していることは、個人による障害の克服、一般社会のコミュニケーション手段である口話の習得、社会性と道徳性の装備、そして、働くことの喜びと健全な人生観を得ることである。佐々木（2021）は、東京都立品川ろう学校の学校通信を分析し、個人による障害の克服という考え方が、教師、親、本人（児童生徒、卒業生）に共有されていた一方、「昭和40年代に入ると、卒業生の立場から、現実の生活・就労場面で経験する困難から個人の自助努力の限界が認識される」（p.6）ことを明らかにしている。

　つまり、当時の聾学校の教育方針は、個人モデル・医学モデルの障害観に基づいており、聴覚障害児・者の障害は、健聴児・者を標準とする行動規範とコミュニケーション方法の習得により改善・克服されるものだと考えられていた。しかし、上述のように卒業生は、実生活のなかで、コミュニケーション困難や

それに伴うストレス、そして差別などの生活・就労における困難を経験していたため、健聴者に手話を知ってもらうことで理解を求めたり、聾者の問題を社会全体が直面する問題とのつながりで捉えたりするようになるのである（佐々木，2021，p.6）。

　このように、聴覚障害者が、みずからが直面する障害を社会との関係でとらえ始めたことは、今日でいう社会モデルの障害観の萌芽とみることができる。手話への理解を健聴者に求めるということは、当事者が「支援」の意義について主体的に考え始めたことの証左であるといえる。一方で、次にみるように、その後の時代においても、このように「支援」の意義を認識することは、当事者にとってかならずしも容易なことではなかった。

（2）「支援」の意義の認識

1980（昭和55）年当時、大学3年生であった平（1980）の次の文章は、聴覚障害者が、みずからが経験する困難を人との相互の関係のなかでとらえ、解消していくことの難しさを伝えている。

　　「人に迷惑をかけずに生きる」―それが以前の私にとって、ひとつの信条のようなものだった。聴覚障害の場合、（中略）他の人と何らかの関係をもつ時点において初めて障害が生ずる。（中略）障害を持つ自分がそこに「居る」ために、他の人々の何らかの手助けを必要とする事実、それにより自他共にある程度生ずるであろう負担を認め、それを好ましい形へと昇華させていくまでに多少なりとも、心理的曲折を経てくるのではないだろうか？　その負担による人間関係の歪みや、障害への甘え等を避けるため、自己をしっかりと統制しようとする姿勢は勿論必要なものであるけれども、度を超すと、それは、結局的には自己の否定へと結びつくものだということを、今、私は身にしみて感じている。（後略）（平，1980，p.24）

　平のいう「何らかの手助け」とは、たとえば、聞きとれなかった「1つの単語」を「聞き返す」（p.24）ことに対し、周囲の人が嫌な顔をせずに応えてくれることや、「普通の人たちに広く、「障害」ということを知ってもらう」（p.25）ことであることが、後に続く文章から読みとれる。しかし、引用文の冒頭にあるように、以前の平は、このように周囲に理解を求めることは「迷惑」をかけることであり、「甘え」とも思われた。したがって平にとって聴覚障害による

困難は、個人で解決すべき問題であった。このようにして平は「学校という集団生活の中で、次第に孤立していった」(p.24) という。

　このような考え方は「自己の否定」であり、「間違い」であると気づくようになったのは、大学に入って、「新しい学友」を得たこと、また「聴覚障害について若干の知識を持ち、手話のよい面を教えてくれた先輩たち」との出会いであった。「"ボランティア"活動」(p.24) として行われる手話通訳による情報保障のついた授業を履修する経験も大きかったと思われる。障害への理解のある人と出会ったこと、そして、実際に「支援」を利用する経験をしたことが、「支援」の意義の認識につながったのだと考えられる。

　平（1980）が経験を通じて語った「自己の否定」や「孤立」の問題は、松崎（2018）が「社会的障壁の医学モデル化」として概念化する現象としてもみることができる。すなわち松崎は、「聴覚障害学生は物心ついたときから家族など人々とのコミュニケーションや人間関係で不全感を経験するが、周囲から「もっと集中して聴きなさい」「ちゃんと聴いてないでしょう？」「わからないならもういいよ」などまるで聴覚障害学生の側に問題があるかのようにスティグマが伴いやすい」という。スティグマとは、社会的な関係のなかで負わされる不名誉の烙印を意味する。松崎は、このような不全感は「本来「社会的障壁」でありながら、自分の欠点であると認識するようになっていく」として、このような認識の仕方を「社会的障壁の医学モデル化」という言葉で説明する。

　聴覚障害学生が、自分の経験する困難をスティグマとして内面化することなく、「社会的障壁」として認識できるように「支援」することは、平が大学生であった40年前も現在も変わらず重要な課題であるといえる。

 第3節　インクルーシブ教育と障害者支援の３つのアプローチ

1. インクルーシブ教育の障害観と「支援」

（1）インクルーシブ教育とは

　インクルーシブ教育は、1990年代以降、国際的思潮となった教育の考え方であり、その定義や受容の仕方は、国や地域によって相違があるが、以下のよう

な共通する要素がある。

　第1に、子どもたちの多様性と差異を認め、受容する。すなわち、子どもたちを人種、性別、文化、言語の違い、家庭の経済状況、障害の有無などにかかわらず受け入れようとする。その際、障害の種別や程度を問わないのも特徴である。第2に、地域社会のメンバー相互の受容と所属意識、共同体意識に基づいた学校づくりを目指し、すべての子どもが地域社会でともに学び、生活することを理念としている。第3に、学校や教育全体の改善を実現しようとするものである。第4に、こうした教育のあり方を子どもの権利として位置づけている。そして第5に、学校教育を通じて障害者に対する社会的差別を解消しようとするものである（中村・前川・四日市，2009；洪，2009）。

　このようにインクルーシブ教育は、障害のある子どもを通常の学校に統合するという二元論的な発想ではなく、すべての子どもが学ぶ学校という一元論的な発想に基づき、障害を含め、多様な子どもたちが所属意識をもてるように学校という環境そのものを見直し、改善していく考え方である。したがって、インクルーシブ教育の障害観は、これまで述べてきた社会モデルの考え方を基盤にもっているとみることができる。

（2）インクルーシブ教育における「支援」

　このようにインクルーシブ教育は学校環境の見直し、改善を志向するものであるから、障害のある子どもの学校生活における「支援」の位置づけが重要となる。このことは、インクルーシブ教育の推進を掲げる障害者権利条約の規定にも盛り込まれている。

　同条約第24条第1項には、「締約国は、教育についての障害者の権利を認め（中略）この権利を差別なしに、かつ、機会の均等を基礎として実現するために、障害者を包容する〔＝インクルーシブな―引用者〕あらゆる段階の教育制度及び生涯学習を確保する」ことが明記されている。同条第2項は、この権利の実現にあたって、障害者が障害に基づいて一般的な教育制度から排除されないことや、自分が生活する地域社会においてインクルーシブで質が高く、かつ無償の初等教育及び中等教育を受けられることを確保するとし、さらに、個人が必要とする合理的配慮が提供されること、効果的な教育のために一般的な教育制度の下

で必要な支援を受けられること、そして、学問的および社会的な発達を最大限にする環境で効果的で個別化された支援措置が取られることを確保するとしている。

　インクルーシブ教育は、そこで学ぶすべての子どもが、自己の価値を意識でき、その人格、才能、創造力、精神的・身体的な能力を最大限に発達させることができるような、質の高い教育を享受できる学校を実現していくことでなければならない。したがって障害のある子どもに対しては、一人ひとりの学習や生活における困難をきめ細かく把握し、その困難を本人および環境の側から改善・克服していくような「支援」が不可欠であるといえる。

2．障害観の相克を超えて
（1）社会モデルの険しき道

　教育現場では、社会モデルからのアプローチは、まだ十分に理解されていないと感じる。たとえば、高等教育機関の障害学生支援における合理的配慮の根拠資料は、障害者手帳、医学的診断基準に基づいた診断書、標準化された心理検査などの結果、学内外の専門家の所見、高等学校・特別支援学校などの大学等入学前の支援状況に関する資料など、さまざまな選択肢がありうるが、実際は、医師による診断書に重きが置かれる傾向がある。こうした傾向は、障害学生のニーズの把握を機能障害とその程度の把握で十分とし、それに基づいて支援の内容や量も判断してしまう状況を招きかねない。障害学生のニーズは、活動（制限）や参加（制約）の次元でとらえてこそ、授業や学生生活における具体的な支援内容につなげて考えられる。逆にいえば、機能障害とその程度に偏重したニーズ把握は、支援の必要性を矮小化し、結果として支援を抑制することにつながると考えられる。

　ほかの例として、学校であるからこそ、子どもたちへの支援はできるかぎり抑制すべきだという考え方がある。この考え方は、進路先で支援があるとは限らないということを根拠としていることが多い。社会モデルの障害観では、逆に、将来支援があるとは限らないからこそ、学校にいる間に支援を受けながら質の高い教育を受け、学習や生活の充実感を味わう経験をしておくべきである

と考える。このような経験をすることで、将来、障害に基づく学習や生活の困難に直面した際に、その困難に関連する社会的障壁を認識し、周囲に支援を求めるべく働きかける力を獲得していけると考えるのである。

また、合理的配慮や支援に対し、「逆差別」という言葉が投げかけられることがある。この言葉は、マジョリティが得てきた特権が揺るがされることへの反発、あるいは、それまで慣例として行われてきたことが変更されることへの反発として発せられると思われる。このような局面こそ、社会的障壁によって障害者の参加が妨げられていることを認識しようとする社会モデルの考え方の共有が求められる。

（2）障害者支援の３つのアプローチ

インクルーシブ教育に携わる教職員や支援者が、教育現場に根強く存在している医学モデル・個人モデルの障害観を自覚し、相対化するとともに、社会モデルの障害観を装備していくには、どうすればよいか。筆者は、佐藤・小澤（2016）が提示する障害に対する３つのアプローチ（リハビリテーション、ノーマライゼーション、エンパワーメント）が、この問いに１つの答えを与えると考える。３つのアプローチとは、ICFのモデルを前提とするものであり、本人の心身機能・身体構造の次元での改善や活動の次元での向上を主眼とするリハビリテーション、環境を変え、機会を均等化することで参加の次元での制約を解消しようとするノーマライゼーション、そして、本人の自己決定、肯定的自己評価、主観的幸福感などを促進するエンパワーメントの各アプローチを指す。

とくに、何が社会的障壁なのかを、本人と教職員・支援者の相互の立場から認識することは、ノーマライゼーションとエンパワーメントの要素を含んだアプローチとして重要である。

上述の平（1980）が人間関係で悩み、孤立せざるをえなかったのは、健聴者中心、音声中心のコミュニケーション環境という社会的障壁を認識し、言語化することが簡単ではなかったからである。平には、手話通訳の利用などのコミュニケーション環境の調整というノーマライゼーション、そして困難が生じるしくみを知ることと自己肯定感の回復というエンパワーメントが必要だったのだと思われる。平自身、「時に困惑が大きく、迷いが生ずるごとに、障害者を対

象としたカウンセラーの存在がほしいと思う…障害者が心理的な圧力を軽減し、集団生活の最も望ましい方向へとむかっていく為の貴重な手助けとなると思う」と述べるように、障害学生には、エンパワーメントを支える存在が重要である。

　つまり、インクルーシブ教育に携わる教職員や支援者は、まず、社会的障壁によって障害が生ずるという社会モデルの障害観への理解を深める必要がある。そのうえで、教職員や支援者に求められることは、教育実践におけるノーマライゼーション・アプローチとして、合理的配慮や支援により社会的障壁を除去し、障害児・者の参加を保障していくことである。さらに、エンパワーメント・アプローチとして、障害児・者との対話を通じて、本人が、社会のなかで支配的な医学モデル・個人モデルを相対化し、何が社会的障壁になっているのかを明確にしたり、潜在的ニーズに気づいたりできるようにすることや、自己肯定感を回復できるように支えていくことが求められるのである。

（佐々木　順二）

【引 用 文 献】

洪浄淑（2009）．世界的動向としてのインクルーシブ教育とその革新的理念　筑波大学障害科学系（責任編集）安藤隆男・中村満紀男（編著）特別支援教育を創造するための教育学（pp.129-139）明石書店
松崎丈（2019）．聴覚障害学生支援における合理的配慮をめぐる実践的課題. 宮城教育大学紀要, *53*, 255-266.
中村満紀男・前川久男・四日市章（編著）（2009）．理解と支援の特別支援教育（2訂版）　コレール社
中村満紀男（2007）．総合科学としての障害科学　筑波大学障害科学系（責任編集）中村満紀男・四日市章（編著）障害科学とは何か（pp.49-64）　明石書店
佐々木順二（2021）．義務就学制実施後の聾教育の目的論の変遷──昭和40年代までの東京都立学校通信を手がかりに──　心理・教育・福祉研究, *20*, 1-17.
佐藤久夫・小澤温（2016）．障害者福祉の世界（第5版）　有斐閣
障害者福祉研究会編（2002）．ICF国際生活機能分類──国際障害分類改訂版──　中央法規出版
平美穂子（1980）．障害と人間関係　聴覚障害, *355*, 24-25.
東京都立品川ろう学校（1957～1965；1970；1975）．学校要覧

📖　読者のための図書案内

＊佐藤久夫・小澤温（2016）．障害者福祉の世界（第5版）．有斐閣：障害者福祉について、障害の意味、思想、歴史、方法、制度、差別の問題、国際動向までを網羅的に学ぶことのできる一冊である。本書が示す障害者支援のアプローチは、インクルーシブ教育の文脈で

も参考にできるものである。

＊飯野由里子・星加良司・西倉実季（2022）.「社会」を扱う新たなモード——「障害の社会モデル」の使い方——生活書院：執筆者は、障害の社会モデルの要諦は「障害発生の認識論」にあるが、現実にはそれがマジョリティに都合よく解釈されているという。障害を「社会的」な問題として扱うことの意味を、より正確に理解するために必要な本である。

＊野口晃菜・喜多一馬編著（2022）. 差別のない社会をつくるインクルーシブ教育——誰のことばにも同じだけ価値がある——学事出版：インクルージョンを考える研究会に集ったさまざまな立場の参加者を中心となって、障害者の地域での暮らし、子どもの貧困、包括的性教育、いじめの予防、インクルーシブな教室等について書かれた本である。コラムやおすすめ書籍・教材も参考になる。巻末の「学生たちの声」は新鮮な視点を提起している。

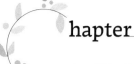

Chapter 12

モラル(人間性)を育てる
綴方教育の探求
童心主義の立場から

子どもたちに「生活意欲」や「生活知性」を獲得させることを目指して、1920年代以降において模索、探求された教育実践として生活綴方教育がある。この生活綴方教育は、雑誌『赤い鳥』(赤い鳥社、1918年7月創刊)に鈴木三重吉の選評とともに掲載された、いわゆる『赤い鳥』綴方を批判的に継承したものとされてきた。しかし、1930年代半ばには、生活綴方教育関係者から、『赤い鳥』綴方に再評価すべきものがあるとの指摘がなされていた。ただし、正確にいえば、再評価の対象は『赤い鳥』綴方一般でも、三重吉の綴方教育論でもなかった。ここでは、再評価の対象とされた木村文助(1882−1953)の綴方教育論を検証する。

 第1節 │ 『赤い鳥』綴方の再評価の対象：はじめに

　鈴木三重吉の綴方教育論は、最晩年の『綴方読本』(中央公論社、1935年)に集約されている。同書において綴方教育の目的としてあげられていることは、「綴方の芸術的にすぐれた作品、つまり児童が実生活の上で経験した事象を目に見るように実写的に再現した作品を得る」ことと、「価値ある製作品を作り出すに至るまでの練磨によって、物の批判の正確さと、感情の細化と、感覚の敏性とを得る」ことの2点であった(鈴木、1935、p.562)。

　この『綴方読本』出版の翌年の1936年に、村山俊太郎(『綴方生活』編集同人)は、「生活綴方の停止状況を嘆かねばならぬのは一体なぜであろうか」と自問しつつ、「児童のモラルを組織する生活綴方の具象的な発展のモメントがこの赤い鳥を中心とする文芸的綴方の成果の中に認め得る」(村山、1936、p.10)と指摘していたが、それは、三重吉の主張と重なるものではなかった。また、同年

に、野村芳兵衛（『綴方生活』編集同人）は「木村文助氏の指導された児童文など
は、赤い鳥綴方のなかでも、モーラルを濃厚に意欲しているものが多い」（野村，
1936，p.33）と、木村の名をあげて指摘していた。村山や野村があげている「モ
ラル」や「モーラル」は当時の生活綴方教育で課題となっていた「人間性」の
ことであり、主として木村の指導による綴方を念頭においたものであったこと
がわかる。

 第2節 │ 木村文助の綴方教育の歩みと『赤い鳥』との出会い

　木村は、1902年に秋田県の小学校訓導となった。当初は暴力教師であったと
いうが、1911年から4年間にわたって訓導兼校長をつとめた北秋田郡真中尋常
高等小学校時代に、教師としての姿勢を改める転機があった。その頃、長谷川
天渓の『自然主義』（改造社，1908年）に接して、人生観、綴方観、教育観が現
実的、平等的なものに変わっていったという。そうしたなかで、手のつけよう
のないほどの乱暴者の高等科1年男子が書いてきたという綴方について、次の
ように回想している。

　　誤脱だらけの粗末なものであるが、よく見ると、天真爛漫な童性が拘束さるる
　　ところなく現れているのみならず、いささかも教師に対しての功利的意企を含
　　んでおらぬのが強く私の興味と注意を引いた（木村，1929，p.10，傍点は引用者，
　　以下同様）

　その後、改めて書いてきた「夜遊び」の綴方は、作者が寝ようとしていたと
ころを呼びに来た5、6人の友だちの誘いに応じて夜遊びに出かけ、酒を買っ
て飲もうとしたものの酒は高いからと、代わりにリンゴをたくさん買って食べ
たというようなことを綴ったものである。木村は、「こうした野性そのままの
生活をもちろん是認はしなかったが、叱りもしなかった。（中略）今まで自分は
じめ教師たちが、この天真な性情に全然目を背け、単に外面的温順を強要して
来たのは正しかったかどうか、深く反省させられた。（中略）さながら白眼をも
って敵視し来たった私は、親友の如き取り扱いをなすようになり、彼の性格も
一変したのであった」（同前書，pp.12‒13）と回想している。木村が子どもの立

場によりそう童心主義に立つこととなる出来事であった。

　1915年度から2年間、訓導兼校長をつとめた北秋田郡前田尋常高等小学校においては、生活に取材した綴方を綴らせ始めていた。ただ、家族が関与した不祥事により、木村は1916年度末に突如の不本意な退職を余儀なくされている。そのこともあってのことか、綴方2編が10年あまりのちの論稿（木村，1930）に引用されている程度で、同校における教育の記録はきわめて乏しい。

　その後、木村は、函館師範学校の書記心得を経て、1918年に北海道亀田郡大野尋常高等小学校長として教員に復職した。大野小に赴任したのと同時期に『赤い鳥』が創刊されたが、創刊当初は木村は無関係であった。1922年に至って『赤い鳥』を初めて手にして、綴方の投稿を始めている。その結果、1922年8月号以降、毎号のように木村の指導した綴方が掲載されるようになった。1922年10月号には次のような綴方「右の手」が掲載されている。

　　右の手

　　　　　　　　　　　　　　　　　　　高等科二年　川口良子

　私は二つの時、はって行って熱い湯の中へ右の手を入れて火傷をしたので、すぐ医者にかかったそうですが、下手ものか、とうとう右の手が曲ってしまいました。（中略）尋常五年の体操の時、先生が「どうして手を上げない。こうして上げれ」と教えておりました。その時、私は自分の手の曲っているのも気づかず、自分も他人と同じように、直ぐに上げているものだと思っておりました。その時先生は教壇の上から、「こら、どうして手をすっかり延ばさない、（略）」とどなった。（中略）高等科に入ってからも、私の手の曲っているのを知らない人は、珍らしそうに聞く人もあり、又何か伝染する病のように思って距てる人もありました。（中略）凝念（ぎょうねん．静座法のこと―引用者）の時、先生が右手を上げれとか、左手を上げれとか言いますが、その時も私は恥かしくて恥かしくてそっと低く上げておりました。右の手を上げれば何も言われない恥かしさと悲しみが湧いて来るのです。その内に後の方で笑うような声がしました。私は自分の手を笑っているかと思ってぎっしり手を握ってしまいました。しばらくするうちに、男生が私の手に気がついたものか隣へつつぎ、向こうへつつぎして私の手を見てくすくす笑っているのでした。私は手を下せば先生に叱られるし、上げれば笑われるしと思って、手を上げたり下げたりしておりました。その間も絶えず先生に叱られはしないかと、はかはかしておりましたが、いいあんばいに見つけられずそれですみました。（『赤い鳥』1922年10月号，pp.73-75）

『赤い鳥』に「右の手」のような、子どもの悩みを綴ったものが掲載されたこと自体、画期的なことであった。後年、古田足日は、創刊以来の『赤い鳥』の綴方を通覧するなかで「右の手」を見出して「自己表現はただ子どもが興味を感じたことがらの表現だけではなかった。このように、人間性の主張になって現れてくる」（古田，1958，p.114）と指摘している。

　この「右の手」について、三重吉は「女の子としてきまりを悪がる心持が哀れなほどよく写されています。ほかの子たちが伝染でもするように、にげのいたりするのはあんまりですね。しかしそういつまでも恥かしがったところで仕方がありません。全然平気になっておしまいなさい」（鈴木，1922，p.102）と述べて、描写について評価した上で、作者の悩みについては、悩んでも仕方がないことなので平気になるようにと助言をしている。また、木村は、「文はなかなか力のこもったものですが、考え方はこれでよいでしょうか。少女の時代の事だから恥かしがるのも無理はありませんが自分の過失でも罪悪でもないのですから、少し心を大きく持てば何でもない事です」（木村，1927，p.75。同時期のものは未確認のため、1927年のものに拠った）とみている。ここまでにおいては、表現に対する評価をし、作者の考え方について助言をしている点では三重吉と木村には共通するものがある。しかし、木村は先の評に続けて「文を綴ることによってこうした考察から人は漸々目がさめて行く、下らぬ事には委縮しない、大きい強い公明な、人を恐れない力がぐんぐん育っていくと思います」（同前）と述べており、綴ることによってみずからの考え方が育っていくということになるとの指摘を加えているのである。この点こそが、木村の綴方教育論の根幹に関わることであった。

 ## 第3節 ｜ 「綴方生活」を動機とした自己創造

　木村は、指導した綴方が『赤い鳥』に掲載され始めた翌年の1923年から綴方教育論を発表し始めている。その最初の論稿において、「真の綴方は単なる発表にとどまらずして、人生に唯一無二の根底を有しこれを深め高めるために、真に自由に徹底的に自己を発見し、破壊し、創造すべく、模倣的な因習的な見

方を一擲して、その実真剣に自己自身の力を以て直接人生にふれ、これを思想しその発展向上をはかるものでなければならぬ」（木村，1923，p.50）と述べた。綴方教育は文章表現指導にとどまるものではなく、綴ることで自己を見つめ、ふり返り、あらたな自己を創造していくものとしなければならないということを提起したものであった。

　1924年に木村は1920年度以降の大野小の綴方を文集『綴方生活　村の子供』（私家版、謄写刷）として発行した。書名に「綴方生活」が成語化されて用いられているが、同書の本文には用いられてはいない。その「綴方生活」という成語が論稿で用いられるのは1926年に至ってのこととなる。

> さきに綴方の教育は生活内面を発展に導くにあることを論じたが作者の立場に立ってこの関係を眺める時三段の経路を経ることを思うのである。第一は自己を知る、もっと適切に言えば自己を発見することである。（中略）第二段として旧時の自己が破壊され第三段の自己改造が行われる。（中略）生活の意義は絶えざるこの三段の繰り返しであるとも言い得る。否この三段が同時に行われ自己創造をなすとも新生をなすとも言い得るが仮に三段に分解して言ったまでである。つまり、自己創造の動機を創作生活、綴方生活によってせしむるということである（木村，1926，pp.22-23）

　前述の1923年と1926年の論稿を比較すると、「自己を発見し、破壊し、創造すべく」（1923）が「自己を発見する」「旧時の自己が破壊され」「自己改造が行われる」（1926）としてくり返されており、新しいこととしてはそうしたプロセスに「綴方生活」という成語が充てられていることである。こうしてみると、実質的には、「綴方生活」が自己創造の動機となるということを1923年の時点から主張していたといえよう。

第4節 ｜ 「綴方生活」と童心主義

　木村のいう「綴方生活」を具体的な綴方に即して検討してみる。次に示した「山の家」は『赤い鳥』1927年8月号に掲載されたものである。

山の家

　私は小さい時から、両親と別れて、祖父の家で暮らしていた。去年の田植えの休み時であった。ガロー鉱山の父の所へ着物を買ってくれと手紙をやると、母から「父が怪我をして函館の横山病院へ行くところだから、休み中しんぼうせよ」という手紙が来た。二日ばかりして爺ちゃんが「み、ガローさ行って子守でもして来い」と言って五円札を出したから、それを持って翌日の朝早く握り飯を二つ持って、一番汽車で急いで行った。

　上磯の会社から鉱山の電車へ乗って一時間ばかりも行くと、終点だったので、電車を下りると、走って家へ行った。すると家の中には、弟たちが二人いて「父ちゃん、母ちゃん、おいおい」と言って泣いていた。座敷の隅にお膳があって、茶碗や飯粒が、そっちこっちに散らばっていた。私が行くと、二人はなおも声高く泣くので、「母ちゃん、どこさ行ったの？」ときくと「知らね、おいおい」と泣くので、小さい方をおぶって、大きい方の手を引いて、会社の方へ行くと、「み」と、どこかで呼ぶので、見ると、右手の高いがけの上で母が石を落していたから「母ちゃん」と言って、弟の手をはなして走って行くと、「母ちゃんはこうして稼いでいるんだよ」と言ったので、私は知らないまに、涙がながれて来た。私は母の顔を見て「母ちゃん、帰るべ帰るべ」と言うと、母は「帰れば今日食う米買われないし、父ちゃんにも送ってやること出来ねんだ」と言った。私は腰に結んでいた風呂敷をといて、爺ちゃんのよこした五円札を母に渡して、家に帰った。

　私はわらびを取って売るつもりで、縄と風呂敷を持って、二人の弟をつれて、村の山へ行ったが、わらびは一本もなかった。すると弟が「おど居であって山にだらある」と言ったので、そっちへ行くと、たくさんあった。私は弟にも背負わせ、自分でも少し持って家に来たが、まだ母は帰っていなかった。私は二人の弟をつれて、わらびを売りに行ったが、ある家の戸口まで行ったが、恥しくてはいれないので、小さい弟に「お前ははいれ」と言うと、「いらねいや、姉はいれ」と言ったら、大きい方の弟が「おら行って売って来る」と言って中へはいった。私は少しはなれて待っていると、弟は銭を握って走って来た。私は面白くなって四五軒の家で皆売ってしまった。帰って来たら母は御飯をたいていた。（『赤い鳥』1927年8月号，pp.143-144）

　この「山の家」は3段落で構成されている。前述した木村のいう「綴方生活」の3段の経路と対照してみていく。

　第1段落では、弟たちを連れて住み込みで働いている両親たちのところへ着物を買ってほしいと手紙を出したが、父親は怪我をして入院するところで、そ

れどころではないという返事が来て、手伝いを兼ねて母親たちのところを訪ねるところが綴られている。着物を買ってほしいとの願いが叶いそうもない自己を取り巻く状況をつかむこと、まさに「自己を発見」する段階である。

第2段落では、両親たちの家を訪ねたら散らかった部屋のなかで幼い弟たちが泣きながら留守番をしており、母親が働いているところに行ってみたら厳しい労働をしており、中断して家に帰ろうと声をかけても、生活していくためには帰るわけにはいかないと言われて受け入れざるをえなかったことが綴られている。着物を買ってほしいなどと言っていた「旧時の自己が破壊され」る段階である。

第3段落では、みずから弟たちと一緒にわらび取りをして、それを売ろうと考える。恥ずかしい思いと葛藤しながらも、弟たちと一緒に頑張って売り切って帰宅したら、先に帰宅していた母が夕食の準備をしていたことが綴られている。まさに、「自己改造が行われる」段階である。

つまり、この「山の家」は、木村のいう「綴方生活」の意味を理解する上で格好の文例とみられるものである。さらに、木村はこの「山の家」に即して「全体を覆う一つの魂で緊密に統一され、分裂的又第二義的な矛盾とかいうものは見出せない」（木村，1929, p.179）と評価しつつ、その「魂」について、次のようにとらえている。

> 吾々大人が慣習的に型にはまった考え方、無意識的な駆引きだらけの言動とはかなりに違った、人間のみが至宝として持つ純情に触れたことを感ずる。そうして、なおそれは多くの硬化した大人になくして、幼弱無知の児童の常にゆたかに持っており、自由に発揮していることに、吾々はもっと注意しなければならないことを感ずる（同前，p.180）

ここでは、「山の家」にみられる作者や弟たちの心や行動について童心主義の立場から述べられている。ちなみに、三重吉は、この「山の家」を『赤い鳥』に推奨作として掲載した際に、1000字程度の綴方に対して700字を超える評を書いて「これだけの純情と純感とに光っているみつさんは、どんな表面的に幸福な子供たちよりも、もっともっとふかく神からめぐまれている良い子です」（鈴木，1927, p.156）と絶賛しており、その見方は童心至上主義というべき

ものである。しかし、木村の童心主義は手放しで賞賛するものではなかった。

　　少時の生活について見ると、その観察は白紙的で先入主となるものがなく、感
　　覚も鋭敏で大胆に正視し得、純真無雑なものである。（中略）この生活の特質を
　　いたわり育てていくことは、本当の人間や自然を見る目を養う上に極めて重要
　　なことで、人格進展の根底をなすものである。しかるにこの生活を自然のまま
　　に放任したならば、たちまち世俗的に妥協し、物を見る目がおそらく功利的に
　　歪められ、伝習的に硬化し、永久にその純真さを失ってしまうであろう（木村，
　　1929，p.111）

　木村においては、状況をふまえて自分ができることを考えて自発的に行動し、
そのことを綴方に書き綴り、成長の跡を確かめることが大事なことであった。
その行動が結果として親孝行になったり、家計の一助になったりしたとしても、
そのことでもって子どもの行動を評価したりすることは、童心主義の立場から
みれば、本質的なことではないどころか、避けるべきことであったということ
となる。

 ## 第5節 　文学者たちからの注目：おわりに

　ここまでみてきたことをふり返ると、木村の指導した綴方にモラル（人間性）
がみられるというのは、木村の綴方教育論が「綴方生活」を動機とした自己創
造にあったことによるといえよう。この点に関して補足しておきたいことは、
「山の家」は同時代に2人の文学者から注目されていたということである。

　林芙美子の短編小説「山の教師から」（林，1931）は、長野県の小学校に復職
した男性教員が知人女性に教員生活を報告する書簡のかたちをとったものであ
る。そのなかで、「この間、北海道から流れて来た鉱夫の女の子が、学校へは
いったのですが、プロレタリアの娘の綴方をお見せしましょう」と前置きして、
「山の家」を若干の加筆をしながら引用して、「どうです。都会のどのようなプ
ロ作家だって、この素朴さにはかなわないでしょう」と共感を求めている（林，
1931，pp.295-296）

　また、中本弥三郎の短編小説「わらび売る」（中本，1932）は、「山の家」のあ

らすじを踏襲しつつ、綴方にある「私」を「おみね」という三人称に改め、描写を詳細なものとしたものであり、「山の家」を短編小説として書き改めたものというほかはない。そのほか、中本には、木村指導の高等科一年の金川つわ「焼場の爺さん」（『赤い鳥』1924年9月号）をもとにした短編小説「米を播く」（中本，1932）、同じく高等科二年の富谷千代「子守のりさ」（『赤い鳥』1927年12月号）をもとにした短編小説「子守リサ」（中本，1932）、木村の子息の木村不二男（北海道亀田郡石崎尋常高等小学校訓導）指導の高等科一年の沢田まさゑ「親類の兄さん」（『赤い鳥』1928年5月号）をもとにした短編小説「村に帰る」（中本，1932）も確認される。

　文学の動向や文学者の所論が綴方教育に影響を与えた面があることは従来から指摘されてきたことであるが、綴方が文学や文学者に利用されたことは稀有のことである。その綴方が木村文助と木村不二男の指導のものであったということは、木村らの指導した綴方がモラル（人間性）を追求するという点で、林や中本の文学と共通するものがあったことによるものとみられる。その検証は今後の課題としたい。

（太郎良　信）

【引 用 文 献】

　引用にあたって、旧字体の漢字は新字体に、旧仮名づかいは新仮名づかいに改めた。また、適宜、漢字をひらがなに改めた。

古田足日（1958）．前期『赤い鳥』と生活綴方　国民教育編集委員会編　生活綴方の探究　誠信書房

林芙美子（1931）．彼女の履歴　改造社

中本弥三郎（1932）．ルンペン時代――短篇集――　プロレタリア新浪漫派社

野村芳兵衛（1936）．新文学精神から観た赤い鳥綴方　教育・国語教育3月号

木村文助（1923）．人生と綴方　北海教育評論4月号

木村文助（1926）．綴方における生活指導の根拠　国語と人生第10号

木村文助編（1927）．綴方生活　村の子供　文園社

木村文助（1929）．村の綴り方　厚生閣書店

木村文助（1930）．プロ綴り方とはどんなものか　綴方教育10月号

村山俊太郎（1936）．生活綴方の新しい努力　実践国語教育7月号

鈴木三重吉（1922）．綴方選評　赤い鳥10月号

鈴木三重吉（1927）．綴方選評　赤い鳥8月号

鈴木三重吉編（1935）．綴方読本　中央公論社

📖　読者のための図書案内

＊滑川道夫（1983）．日本作文綴方教育史3──昭和篇1──　国土社：雑誌『赤い鳥』綴
　方の動向や木村文助の綴方教育論について概観していく上で、必須の文献である。

＊赤い鳥事典編集委員編（2018）．赤い鳥事典　柏書房：雑誌『赤い鳥』を切り口にしつつも、
　広く1910年代から1930年代における子どもの文化と教育についての学習と研究のガイドブ
　ックとなっている。

「発達」と「教育」の架橋

～教育実践場面への適用と展開～

Chapter 13

学校における教育相談の現在とこれから

教育相談に関する明確な定義は存在しないが、改訂された『生徒指導提要』ではその重要性が指摘されている。教育相談を支える理論・モデルには、臨床心理学、カウンセリング心理学、学校心理学、そして菅野純による「心のピラミッド」が存在する。

「令和の日本型学校教育」答申においては、学校の役割として、①学習機会と学力の保障、②全人的な発達・成長の保障、③身体的、精神的な健康の保障をあげている。③は学校教育の基礎であり、「心のピラミッド」の最下段〈人間のよさ〉体験」に相当する。それを支えるのが教育相談である。

 第1節 | コロナ禍における教育相談

1．コロナ禍による学校教育への影響

本書刊行時（2024年3月）、2020年から世界を席巻したいわゆる「コロナ禍」が始まって丸4年が経とうしている。コロナ禍が、社会に甚大な影響を及ぼしたことは周知の通りであり、もちろん教育も例外ではない。

学校教育や保育現場におけるコロナ禍の影響として、以下のようなものがあげられるだろう。

①2020年3月から3ヵ月に及ぶ休校・休園、その後の分散登校や相次ぐ学校・学級閉鎖による登校日数の減少

②オンラインを用いた非対面型授業の普及

③行事の中止やいわゆる「黙食」の推進などによる、子どもたち同士の直接的コミュニケーションの減少

④上記①～③によってもたらされたと考えられる、子どもたちの心身へのさまざまな影響

2．コロナ禍における生徒指導上の諸課題

①〜④は、学校教育における「生徒指導上の諸課題」についても多大な影響を与えることとなった。

（1）不　登　校

文部科学省（2023）によれば、2022年度における小・中学校の不登校の状況は以下の通りである。

小・中学校における不登校児童生徒数は299,048人（前年度244,940人）であり、前年度から54,108人（22.1％）増加した。在籍児童生徒に占める不登校児童生徒の割合は3.2％（前年度2.6％）であった。過去5年間の傾向として、小学校・中学校ともに不登校児童生徒数およびその割合は増加している。なお、不登校児童生徒数は10年連続で増加しており、55.4％の不登校児童生徒が90日以上欠席している。

不登校の増加にはさまざまな要因が複合的に関わっていると考えられるが、その1つとしてコロナ禍が大きな影響を及ぼしていることは明らかであると思われる。

（2）い　じ　め

文部科学省（2023）によれば、2022年度における小・中学校等のいじめの状況は以下の通りである。

①小・中・高等学校及び特別支援学校におけるいじめの認知件数は681,948件（前年度615,351件）であり、前年度に比べ66,597件（10.8％）増加。児童生徒1,000人あたりの認知件数は53.3件（前年度47.7件）。

②2020年度は全校種で大幅な減少となったが、2022度では再び増加傾向となり過去最多となった。

③2021年度は新型コロナウイルス感染症の影響が続き、感染を予防しながらの生活となったが、部活動や学校行事などのさまざまな活動が徐々に再開されたことにより接触機会が増加するとともに、いじめ防止対策推進法におけるいじめの定義やいじめの積極的な認知に対する理解が広がったことなどで、いじめの認知件数が増加した。

コロナ禍で登校日数が著しく減少した2020年度において、いじめの認知件数

が大幅に減少したことは、コロナ禍の肯定的な影響として興味深い。

（3）自　　殺

文部科学省（2023）によれば、2022年度における小・中学校等の自殺の状況は以下の通りである。

①小・中・高等学校から報告のあった自殺した児童生徒数は411人（前年度368人）。

②調査開始以来過去最多であった2020年度より2021年度には減少したものの、2022年度は増加となった。

2020年度における児童生徒の自殺が過去最多となったことの背景には、前述したような、休校やコミュニケーションの減少など、コロナ禍による影響が大きいことは明らかであろう。

 第2節｜教育相談とは何か

1．教育相談の定義

さて、「教育相談」とは何なのか、あらためて確認したい。結論からいえば、「教育相談」についての明確な定義は存在しない。

（1）嶋﨑政男の定義

嶋﨑は、「今なお、教育相談の理論や実践をめぐる議論に混乱が見られ」るとした上で、教育相談の定義を狭義と広義に分けて述べている。狭義の教育相談とは、「１対１の相談・助言・支援」である。一方、広義の教育相談とは、「自己実現への援助」であり、具体的には、「教育相談の姿勢・考え方を活かした諸活動」および「教育相談推進活動」であるとしている（嶋﨑，2019，pp.8-9）（図13－1）。

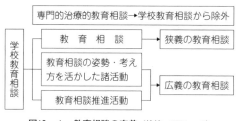

図13－1　教育相談の定義（嶋﨑，2019，p.9）

（2）筆者の定義

会沢は、教育相談を以下のように定義している（会沢，2010，p.13）。

子どもたちの健全な成長・発達の支援を目的とする、乳幼児期から青年期までを対象とした、教育の一環としての相談援助活動である。その中心はカウンセリングであり、カウンセリングの理論や技法だけでなく、心理学、教育学、脳科学などの諸科学の知見を理論的背景とする。また、活動の場は学校を中心としつつも、乳幼児から青年の所属する学校以外の施設や相談専門機関も含むものとする。

2. 学習指導要領における教育相談

現行（平成29年告示）学習指導要領において、教育相談に関する明確な記述は見当たらない。しかし、第1章「総則」の第4「児童の発達の支援」の1「児童の発達を支える指導の充実」に記された以下の文言は、教育相談の意義を述べたものと考えられる（文部科学省，2017, p.23）。

主に集団の場面で必要な指導や援助を行うガイダンスと、個々の児童の多様な実態を踏まえ、一人一人が抱える課題に個別に対応した指導を行うカウンセリングの双方により、児童の発達を支援すること。

3. 『生徒指導提要』における教育相談

「小学校段階から高等学校段階までの生徒指導の理論・考え方や実際の指導方法等について、時代の変化に即して網羅的にまとめ、生徒指導の実践に際し教職員間や学校間で共通理解を図り、組織的・体系的な取組を進めることができる」ことを目指した、「生徒指導に関する学校・教職員向けの基本書」（文部科学省，2022,「まえがき」）である『生徒指導提要』が、2022年12月に改訂された。

改訂版においては、教育相談に関して、以下の記述が見られる（文部科学省，2022）。

・教育相談は、生徒指導から独立した教育活動ではなく、生徒指導の一環として位置付けられるものであり、その中心的役割を担うものと言えます。
・生徒指導における教育相談は、現代の児童生徒の個別性・多様性・複雑性に対応する生徒指導の中心的な教育活動だと言えます（以上、pp.16-17）。
・教育相談の目的は、児童生徒が将来において社会的な自己実現ができるような資質・

能力・態度を形成するように働きかけることであり、この点において生徒指導と教育相談は共通しています（p.80）

・教育相談は全ての児童生徒を対象に、発達支持・課題予防・困難課題対応の機能を持った教育活動です。また、教育相談はコミュニケーションを通して気付きを促し、悩みや問題を抱えた児童生徒を支援する働きかけです。その点において、主体的・能動的な自己決定を支えるように働きかけるという生徒指導の考え方と重なり合うものです。したがって、両者が相まってはじめて、包括的な児童生徒支援が可能になります（p.88）。

いずれも、教育相談自体を定義するのではなく、生徒指導における教育相談の特徴や役割を述べることによって、教育相談の重要性を強調しているものと考えられる。

 第3節 ┃ 教育相談を支える理論・モデル（会沢，2019）

1．臨床心理学

教育相談の中心はカウンセリングであり（会沢，2010）、その理論的背景にあるのは臨床心理学をはじめとする心理学の諸理論である。

臨床心理学とは、「心理的問題の解決や改善を支援する実践活動と、その活動の有効性を保証するための理論や研究から構成されている学問」（下山，2013，p.736）である。近年、心理的問題の予防や心の健康増進への比重が高まってきたとはいえ、「心理的問題の解決や改善」を目指すのが臨床心理学の主たる役割といえよう。

たしかに、学校には「心理的問題の解決や改善を支援する」ことが必要な児童生徒が存在する。いわゆる問題解決的（治療的）教育相談の対象となる子どもたちである。しかし、そのような子どもは限られており、より多くの児童生徒に求められるのは予防的教育相談、開発的（成長促進的）教育相談である。したがって、教育相談を支える心理学としては、「心理的問題の解決や改善を支援する」ことを目的とする臨床心理学以外の学問も必要となる。

2．カウンセリング心理学

　一般に、カウンセリングは臨床心理学に基づいた実践活動であると考えられている。この背景にあるのは、心理療法とカウンセリングを同じものととらえる考え方である。しかし、それらを異なるものと考える立場に立てば、心理療法の背景にある学問は臨床心理学であるが、カウンセリングの背景にある学問はカウンセリング心理学である。

　わが国ではカウンセリング心理学についての明確な定義は存在しないが、アメリカ心理学会カウンセリング心理学部会定義委員会における1984年の定義は以下の通りである。「カウンセリング心理学は、心理学の一専門分野であり、人々が自分のウェルビーイングを促進したり、その苦痛を軽減し、その危機を解決し、問題解決や意志決定ができるようになる能力を増進するように援助する心理学である」（渡辺，2011，p.10）。臨床心理学に比べると、「ウェルビーイングの促進」「能力の増進」などの表現が、予防的教育相談、開発的教育相談の目指すものと近いように思われる。

3．学校心理学

　学校心理学とは、以下のような学問体系である（学校心理士認定運営機構，2020，p.5）。

> 　学校教育において一人ひとりの子どもが学習面、心理・社会面、進路面、健康面における課題への取り組みの過程で出会う問題状況の解決を援助し、子どもが成長することを促進する「心理教育的援助サービス」の理論と実践を支える学問体系

　端的にいえば、「学校教育と心理学を統合した学問」であり、教育相談のバックボーンとして中核となる理論であるといえるだろう。

4．心のピラミッド

　菅野（2020）による教育・実践モデルである。菅野は、「心の基礎」が、①〈人間のよさ〉体験、②心のエネルギー、③社会的能力によって築かれるとしている。それらの上に、心の豊かさ、温かさ、広さ、深さ、優しさ、しなやか

さ、勤さなどの個性が作られ、自己発揮、活躍、達成などが実現されると述べている（図13-2）。

　なお、筆者は、菅野のモデル（4層構造）を一部修正したもの（5層構造）を提唱している（図13-3）。

　最上段は、菅野と同じであるが、筆者は、「自己実現」と名づけている。菅野のいう「心の基礎」を土台として完成されるピラミッドの頂上は、その人の人間性が最大限に花開く「自己実現」ではないかと考えられるからである。

　上から2段目に、筆者は、菅野のモデルにはない「学力」を置いている。これは、自己実現のためには、やはり学力が不可欠であると考えられるからである。なお、「学力」をめぐってはさまざまな議論が存在するが、筆者は、一般的にこの言葉からイメージされる、「主として各教科の学習を通して身につく力」「知的能力」「認知能力」であるととらえている。なお、学校教育のなかでこの部分を担うのは、主として授業であろう。

　3段目は、菅野のいう「社会的能力」であるが、筆者はこれを「非認知能力」と言い換えている。菅野は、子どもに身につけてほしい「社会的能力」として、①自己表現力、②自己コントロール力、③状況判断力、④問題解決力、⑤親和的能力、⑥思いやりをあげている。これらは、近年、保育・教育現場でその重要性が指摘されている「非認知能力」とオーバーラップするものと考えられる。なお、学校教育のなかでこの部分を担うのは、道徳科、特別活動、生徒指導、キャリア教育などであろうと思われる。

　下から2段目は、菅野と同じく「心のエネルギー」としている。菅野は、

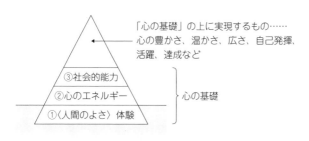

図13-2　心のピラミッド（菅野, 2020, p.36）

図13-3　心のピラミッド
（菅野, 2020を改変）

「心のエネルギー」を蓄えるためには、①安心できる体験、②楽しい体験、③認められる体験、が必要であると述べている。筆者もまったく同意見である。なお、学校教育のなかでこの部分を担うのは、学級経営であると思われる。

最下段は、菅野と同じ「〈人間のよさ〉体験」である。これは、他者に対する基本的信頼感であり、本来は家庭で築かれるものである。乳児期に達成すべき課題を「基本的信頼」であるとしたエリクソン（Erikson, E. H.）をまつまでもなく、人生早期の体験がその後の人生に大きな影響を及ぼすことは周知の通りである。筆者は、学校教育のなかでこの部分を担うのが、ほかならぬ教育相談ではないかと考えている。

 ## 第4節 ｜ 教育相談のこれから

1.「令和の日本型学校」の3つの役割

2021年1月、中央教育審議会より、「『令和の日本型学校教育』の構築を目指して～全ての子供たちの可能性を引き出す、個別最適な学びと、協働的な学びの実現～（答申）」が出された。いわゆる「令和の日本型学校教育」答申である。この答申の目玉は、一般には、答申のタイトルともなっている、「個別最適な学び」と「協働的な学び」であると考えられている。しかし、筆者は、この答申でそれよりも重要なテーマが指摘されていると考えている。

第Ⅰ部「総論」の2「日本型学校教育の成り立ちと成果、直面する課題とあらたな動きについて」の（2）「新型コロナウイルス感染症の感染拡大を通じて再認識された学校の役割」において、以下のような記述が存在する（中央教育審議会，2021，p.7）。

> こうした（引用者注：コロナ禍による）学校の臨時休業に伴う問題や懸念が生じたことにより学校は、学習機会と学力を保障するという役割のみならず、全人的な発達・成長を保障する役割や、人と安全・安心につながることができる居場所・セーフティネットとして身体的、精神的な健康を保障するという福祉的な役割をも担っていることが再認識された。特に、全人格的な発達・成長の保障、居場所・セーフティネットとしての福祉的な役割は、日本型学校教育の強みであることに留意する必要がある。

ここでは、学校教育の役割が以下の３点であることを明確に指摘するととも
に、②と③こそが「日本型学校教育の強み」であると述べられている。

　①学習機会と学力の保障

　②全人的な発達・成長の保障

　③身体的、精神的な健康の保障（安全・安心につながることができる居場所・セー
　　フティネット／福祉的な役割）

　①を保障する場は、やはり授業であろう。一方、②を保障する場は、道徳科、
特別活動、生徒指導、キャリア教育などであると思われる。では、③を保障す
る場は何か。筆者は、学級経営と教育相談ではないかと考えている。

　つまり、この３つの役割は、「心のピラミッド（会沢修正版）」と以下のよう
な対応関係にあると考えられる。

　①学習機会と学力の保障──学力

　②全人的な発達・成長の保障──非認知能力

　③身体的、精神的な健康の保障──心のエネルギー、〈人間のよさ〉体験

２．学校教育の土台を築く教育相談

　「令和の日本型学校教育」の役割である、「学習機会と学力の保障」、「全人的
な発達・成長の保障」は、「身体的、精神的な健康の保障」があってはじめて
成り立つものである。それは、「心のピラミッド」において、「学力」や「非認
知能力」が、「心のエネルギー」や「〈人間のよさ〉体験」の上に育まれること
とパラレルである。

　筆者は、ピラミッドの頂上（自己実現、あるいは「人格の完成」）を目指し、子ど
も一人ひとりのピラミッドを積み上げてゆく営みが学校教育であると考えてい
る。その土台を築くのが、教育相談である。教師をはじめとする学校教育に携
わるすべての関係者は、学校教育における教育相談の役割を強く認識するとと
もに、確固とした学校教育の土台を築くために、教育相談についての学びを深
めることを期待したい。

（会沢　信彦）

【引 用 文 献】

会沢信彦（2010）．学校教育と教育相談　会沢信彦・安齊順子（編）教師のたまごのための教育相談（pp.12-23）北樹出版

会沢信彦（2019）．教育相談の理解　吉田武男（監修）　高柳真人・前田基成・服部環・吉田武男（編著）教育相談（pp.3-15）ミネルヴァ書房

中央教育審議会（2021）．「令和の日本型学校教育」の構築を目指して——全ての子供たちの可能性を引き出す、個別最適な学びと、協働的な学びの実現——（答申）

学校心理士認定運営機構（編）（2020）．学校心理学ガイドブック　第4版　風間書房

菅野純（2020）．教育モデル「心のピラミッド」『月刊学校教育相談』編集部（編）　シンプルな8つの図が子ども理解・かかわりを劇的に変える（pp.36-46）　ほんの森出版

文部科学省（2017）．小学校学習指導要領（平成29年告示）

文部科学省（2022）．生徒指導提要

文部科学省（2023）．令和4年度児童生徒の問題行動・不登校等生徒指導上の諸課題に関する調査結果の概要

嶋﨑政男（2019）．新訂版　教育相談基礎の基礎　学事出版

下山晴彦（2013）．臨床心理学　藤永保（監修）内田伸子・繁桝算男・杉山憲司（責任編集）　最新心理学事典（pp.736-739）　平凡社

渡辺三枝子（2011）カウンセリングの定義とプロセス　楡木満生・田上不二夫（編）　カウンセリング心理学ハンドブック　上巻（pp.3-23）　金子書房

📖 読者のための図書案内

＊石隈利紀・家近早苗（2021）．スクールカウンセリングのこれから　創元社：学校心理学の立場から、これからのスクールカウンセリングについて論じている。学校心理学の中核にある「心理教育的援助サービス」の視点から、教育相談のあり方が具体的に示されている。

＊諸富祥彦（2022）．カウンセリングの理論（上・下）　誠信書房：教育相談を進めるためにはカウンセリングについての理解が欠かせない。本書は、著者の立場を明確に示しながら、膨大なカウンセリングの諸理論を簡潔にまとめ、平易に紹介している。

＊川上康則（2022）．教室マルトリートメント　東洋館出版社：多くのメディアに取り上げられた話題の書。学校・教室に横行する教師の「不適切な指導」の現状を明らかにするとともに、それを克服するための処方箋を提示する。

hapter　　　　　　　　　　　14

一次的ことば・二次的ことば
幼小接続教育としてのことばの学び

　　幼児期から児童期にかけて、子どもたちの対人コミュニケーションは状況的で場面依存性の高い一対一コミュニケーションを基盤としつつ、集団活動等を通して脱文脈的な一対多、一対衆のコミュニケーションへと展開していく。前者で特徴的に観察される言語行為は「一次的ことば」、後者は「二次的ことば」と呼ばれ、相互補完の関係を保ちつつ、子どもたちの社会性や資質・能力の発達・成長を支えていく。この章では、幼稚園と小学校の実践場面における事例研究を通して、これら2つの「ことば」がもつ特徴を幼小接続教育の視点から分析し、幼児・児童の「ことば」が豊かに育つ要件について考察する。なお、本章では言語・言語行為・言語生活を総称して「ことば」とする。

 第1節 「一次的ことば・二次的ことば」とは何か

1．対人コミュニケーションの様相

　人間の成長は、対人コミュニケーションの様相の変化と並行している。それは、母子間の繋合的コミュニケーションに始まり、一対一関係から一対多関係、そして一対衆関係のコミュニケーションへという変化である（西尾，1957；鯨岡，1997）。以下、それぞれの特徴を概観してみよう。

（1）繋合的コミュニケーション

　いわゆる言語獲得以前の段階にある乳児と、その養育者とのかかわりにみられるコミュニケーションである。「繋合」とは両者が感覚的につながりあうことを意味する。たとえば赤ちゃんのおむつを替え終わって「ああすっきりしたね」と笑顔で声がけする母親は、赤ちゃんの気持ちよさを自分も感受している。ここに情動の結びつきが生まれ、赤ちゃんは自分の感情や意思が母親とつながっていることを体感する。と同時に、自分とつながりつつ自分とは違う身体を

もった存在がいま・ここにいることを知覚し、自分と自分ならざる存在（他者）とによって構成されている世界を経験していくのである。

（2）一対一コミュニケーション

乳幼児が言語を獲得し始めると、彼らは言語によって他者とのかかわりを経験する機会が激増する。その初期段階は、場面の文脈を共有し、自分に関心を寄せてくれる個人との間で行われる。相手の声がほかならぬ自分に向けられていること、自分の声を相手が受け取ってくれることが、一対一コミュニケーションを成立させる要件となる。このコミュニケーションで用いられる「ことば」は、「ちょうだい」、「これなあに？」などといった、場面依存性の高い話しことばである。場面依存性とは、伝達意図の授受が、いま・ここの状況や場面の文脈を共有している者同士でなければ成立しない性質をいう。

（3）一対多コミュニケーション

幼児の社会性が成長してくると、かかわる相手が一対一の関係から一対多（実在する複数の他者）の関係へと広がっていく。この関係において、幼児は自分の伝えようとするメッセージを、同時に複数の他者に向けて発信する必要のある場面をいくたびも経験する。たとえば「鬼ごっこ」に興じる幼児たちのなかに、極端に脚力の劣る幼児が参加すると、その子も楽しめるようなルールに修正しなければならない。そこである参加者が「〇〇ちゃんはタッチされても鬼にならない」ことを提案してメンバー全員の了解を求める時、提案者はこれを特定の個人に向けて伝えるのではない。彼（彼女）は参加者の共通点（鬼ごっこの遊び仲間）を抽象した他者集団に向けて提案するのである。

（4）一対衆コミュニケーション

一対多コミュニケーションがさらに進展すると、幼児・児童は、いま・ここに存在しない不特定の他者（衆）に向けてことばを発する機会を経験することになる。たとえば自作の物語や絵本を創作する場面などがその典型である。彼らは見知らぬ他者に読まれても筋やメッセージが伝わるように語彙を選択し、構成を工夫する。この段階で用いられる「ことば」は一対一コミュニケーションのような場面依存性を伴わない。作者である当人には、未知の他者が自分の言語表現を理解してくれるための語彙と文法的知識、そして物語の構成能力が

要求されることになる。これらは書きことばの獲得・発達と連動している。

2．一次的ことば・二次的ことばの定義とその特徴

「一次的ことば・二次的ことば」という用語は、岡本夏木（1985）によって名付けられた概念である。岡本によれば、「一次的ことば」とは、少数の特定者が具体的な現実場面で日常的な話しことばを介して行う会話形式の相互作用であり、場面の文脈と結合する。これに対して「二次的ことば」とは、不特定の一般者が現実を離れた場面で一義的な言語表現を介して行う自己設計であり、書きことばによる相互作用の文脈において成立する。前項であげた対人コミュニケーションの諸相と対応させてみると、「一次的ことば」は繋合的・一対一コミュニケーションの場で、「二次的ことば」は一対多・一対衆コミュニケーションの場で、それぞれ特徴的に観察される言語行為であることが了解されよう。

発達論的にみれば、人間は「一次的ことば」の獲得が先行し、「二次的ことば」は書きことばの獲得に伴って後発的に身につけていくことになる。ただし、岡本によれば、主体がどの発達段階にあっても、みずからためらいなく他者と関わる態度の形成にとって、「一次的ことば」によって保証される対人コミュニケーションへの信頼（相手が自分の伝達意図を把握してくれることへの確信）は、欠かすことができない。すなわち、2つの「ことば」は発達論的には先後関係にあるが、対人コミュニケーションの場では相互補完の関係を有する。

「一次的ことば・二次的ことば」と類似した概念は、M. ブーバー（Buber, M.）のいう「我－汝世界・我－それ世界（ブーバー，1978）」、W. J. オング（Ong, W. J.）における「声の文化・文字の文化（オング，1991）」、尾関周二が指摘する「実存的コミュニケーション・情報伝達的コミュニケーション（尾関，1989）」、中田基昭が提唱した「直接的対話・間接的対話（中田，1996）」、水谷信子が用いる「共話・対話（水谷，1993）」などの諸概念をあげることができる。このうち中田（1996）によれば、「直接的対話」とは身体的対峙による一対一関係の対話であり、私の対話行為が他者に補完されることでたしかになる、自己の存在の肯いである。これに対して「間接的対話」とは、ことがらへのかかわり方を

問題とする一対多・一対衆関係の対話であり、自分自身をも含めた集団の論理を客観的にとらえる営みである。この知見をふまえるなら、円滑な幼小接続教育にとって、幼児・児童が「一次的ことば・二次的ことば」をどのように経験するのかという問題は、きわめて重要な視点といえよう。

 第2節 | 教育実践場面における「一次的ことば・二次的ことば」

　「一次的ことば・二次的ことば」が保育場面、学校教育場面でどのように出現するか、具体的な事例を通してみてみたい。環境情報は以下の通りである。
【学校園】信州大学教育学部附属松本幼稚園、同松本小学校
【学級】幼稚園：5歳児クラス（24名）、小学校：第1学年クラス（40名）
【期間】2019年5月
【方法】参与観察法・研究カンファレンス
【倫理的配慮等】文部科学省「研究開発指定校」（平成26〜29年度）の助成を受け、その一環として行われた公開実践である。調査研究にあたっては、信州大学の研究倫理審査を受けるとともに、当該学校園と保護者の同意を得た。

1．保育場面における「一次的ことば」の出現事例

　午前中の自由遊びの場面である。Y君・A君・S君・M君ら4人の男児は、テラスの水道からツツジの花壇まで、およそ6mの水路を作る遊びを始めた。道具は塩化ビニル製の雨樋・ビールケース・豆腐の空き容器で、これらは保育者が環境構成として準備しておいたものである。4人はY君をリーダーとして雨樋をつなぎ合わせながら、高低差80cmほどの水路作りに没頭している（図14−1）。

　そこにR君がやってくる。R君は園庭の植栽からちぎり取ってきた葉

図14−1　水路作り

図14－2　R君（右）の参加

図14－3　新しい水路の製作

を水路に流したり、雨樋を勝手に動かしたりする。そのたびに雨樋のつなぎ目がずれ、水路としての機能が損なわれる。Y君は黙々と修繕するが、R君もちょっかいを出し続け、ついに水路は壊れてしまう（図14－2）。見かねたA君が「R君がだめなことするんだけど。」と言うと、Y君も「R君のせいでだいなしになっちゃう！」と声を荒げ、R君に向かって次のように言う。

「やめてそれ！R君はさわらないでって、言ったじゃん！あんまり。」

　Y君からいさめられてもR君はその場にとどまっていたが、やがてテラスを離れ園庭に行く。その後、Y君は「いいこと思いついた。こうすればいいんじゃない？」と言って水路の復旧に取りかかり、ビールケースを3段重ねて滝を作るアイデアを導入する。これによって水路は安定し、少々重いものを流しても雨樋が外れることはなくなった（図14－3）。

2．学校教育場面における「二次的ことば」の出現事例

　「生活科」の授業場面である。課題は「発泡スチロールやペットボトルを使って船を作ろう」で、教室内外のスペースを使ってグループごとに製作活動が展開する。Mさんら4人の女児とK君ら3人の男児、計7人のグループは体育館脇の広場に集まり、帆船らしきものの製作に取り組んでいる。

　7人のグループの活動が始まってしばらくすると、K君が、部品となる発泡スチロールをかかとで粉砕する行動に出る。これを見た女児がいさめようとするものの、K君は発泡スチロールを壊すのが楽しいのか、にこにこしてやめようとはしない（図14－4）。

K君の行動を見かねたMさんは、活動の手を休めてメンバー全員に**「ちょっと、集まって！聞いてくれる？ねえ、聞いてくれる？」**と声をかける（図14－5）。

図14－4　K君の行動

　グループのメンバーが彼女に目を向けると、Mさんは続けて次のように言う。

図14－5　Mさん（左奥）による統制

「ここは、こわすところじゃありません。こわす人は入れません。大事にする人ならいいですけどね。」

　するとK君はほかの男児を連れて活動の場を離れ、渡り廊下へと移動する。彼らは「こわしこうじょう（壊し工場）」と銘打って発泡スチロールを細かく砕く作業を楽しみ始める（図14－6）。その後、Mさんら女児4人が彼らの「工場」を訪れる。Mさんたちは、「これ（砕かれた発泡スチロール）、船の飾りにいいかも。」と言ってK君らが砕いた発泡スチ

図14－6　K君らの離脱

ール片を拾い、帆船の甲板飾りに利用するアイデアを思いついた。

3．比較考察

（1）2つの事例における規制・統制発言

　2つの事例は、いずれも複数の幼児・児童が集まって、自分たちで考えたものを製作する場面である。幼稚園ではY君が、小学校ではMさんがリーダーとなって進められている。そこに、集団の安定的な取り組みを阻害する行為（以下、逸脱行為）をもたらす存在が現れる。幼稚園ではR君、小学校ではK君であ

る。ここまでの展開は、幼稚園・小学校ともよく似た状況を呈している。

　違いが現れるのは、Ｙ君・Ｍさんが逸脱行為をいさめる場面である。

　幼稚園のＹ君は「やめてそれ！　Ｒ君はさわらないでって、言ったじゃん！あんまり。」と言ってＲ君の逸脱行為を直接的に規制している。一対一コミュニケーションとして発せられた典型的な「一次的ことば」である。Ｙ君の「やめてそれ！」、「さわらないで」などの発言は、場面依存性の原理から、やめるべき行為の詳細や触ってはいけない対象が省略されても伝達意図は了解されている。また、これらのことばに続く「言ったじゃん！」という発言は、Ｙ君からＲ君へ同じメッセージが過去に伝えられていたことを示唆するものだが、当該事例でこの発言に先行してＹ君が上述の言葉を投げかけた事実はない。このことから、Ｙ君はこれまでにもＲ君の逸脱行為によって迷惑を被っていたことがうかがわれる。ただし、「さわるな」という強い禁止の表現を和らげる配慮からか、Ｙ君は倒置法的な言い回しで「あんまり。」と付言しており、Ｒ君を完全には排除していないことが推測される。

　これに対して、小学校のＭさんは、Ｋ君の逸脱行為を止める前に、「ちょっと、集まって！聞いてくれる？ねえ、聞いてくれる？」と言ってグループのメンバーを集めている。彼女がメッセージを伝えようとする相手は、当事者であるＫ君だけではなく、グループのメンバー全員である。そして、「ここは、こわすところじゃありません。こわす人は入れません。大事にする人ならいいですけどね。」と発言して集団を統制する。「ここ」が示す場所や「こわす」対象の省略はあるものの、敬体（です・ます調）を用いた改まった言い回しが選ばれている。活動の場を「こわすところじゃありません」と意味づけ、Ｋ君のみならず「こわす人」に該当する者は誰であれ参加が許されないことを、集団規律として宣言しているのである。以上の状況から、彼女の発言の一部は一対多コミュニケーションとしての「二次的ことば」であることが示唆される。

（２）２つの事例における「一次的ことば・二次的ことば」の質的な違い

　もとより、２つの事例は状況も主体も異なっており、これをもって幼稚園では「一次的ことば」がもっぱら使われ、書きことばを習う小学校では「二次的ことば」が使われるようになると短絡的に判断することはできない。このこと

をふまえた上で2つの事例における「一次的ことば・二次的ことば」の質的な違いを考えると、いずれの事例も、複数の主体が目的・意図をもった遊びや製作活動を遂行する場面で、逸脱行為を規制・統制する必要に迫られた際に出現していることが注目される。この点についてやや詳しく述べる。

　幼稚園における自由遊びは、基本的に、個々の園児それぞれの興味・関心に基づいて行われる。取り上げた事例は、水路作りへの興味・関心を抱いた園児が自発的に集まったものであり、集団を統御する外的な規則も役割分担もない。そのため、水路作りのじゃまをするR君の行為はY君自身への逸脱行為とみなされ、Y君は感情をあらわにして個別に対処することになる。Y君のR君に対する発言は、時間的にも内容的にもいま・ここに限定されている。

　これに対して小学校の船作りは、「生活科」の授業で示された課題に基づいて行われている。その際、グループ単位で製作することや使う道具の種類などはあらかじめ設定されており、当該事例の児童たちも了解している。ここに逸脱行為者が出現すると、彼（彼女）は特定個人に対する妨害者ではなく、集団へのそれとみなされることになる。ゆえにMさんは、K君の逸脱行為を個別にいさめるのではなく、メンバー全員が今後・どこでも守るべきルールを宣言している。ここで注意したいのは、彼女はK君個人を非難しておらず、逸脱行為それ自体を取り上げ、統制する発言を行っていることである。

　以上の考察から、本節で取り上げた事例における「一次的ことば・二次的ことば」の質的な違いは、次のように整理することができる。

　集団の活動で逸脱行為をする主体（A）が現れ、これを規制・統制する必要に迫られた主体（B）がいる時、Bが逸脱行為を自分とAとの個人的な問題としてとらえる状況では、いま・ここに限定された「一次的ことば」が用いられている。一方、Bがこれを集団規律の攪乱としてとらえる状況では、逸脱行為そのものに焦点を当てた「二次的ことば」が選択されている。

第3節 | 「一次的ことば・二次的ことば」を豊かに育てる要件

1．遊びの特性

シプレイ（Shipley, 2012）によれば、「遊び」には次の諸特性がある。

　楽しさ：遊びは欲求不満や困難、恐怖を伴うことがあるが、本質的には主体に
　　おもしろさとよろこびとを与える。

　やる気：遊びは遊ぶこと自体が主体への報酬となる。

　象徴性：「ごっこ」遊びや見立て遊びなど、遊びに没頭する主体の間だけで通じ
　　る意味がやりとりされる。

　能動性：遊びは人・モノ・アイデア・環境との身体的なかかわりを、主体がみ
　　ずから求める。

　任意性：遊びは誰からも強制されない。ただし、遊び仲間を招待したり、ある
　　遊びを促したりすることはできる。

　プロセス指向：遊びは手段であって、遊ぶこと自体に目的や目標を与えること
　　は必ずしも必要とされない。

　保育・幼児教育機関における自由遊びの時間は、遊びがもつこれらの特性を
活かして、幼児の自立性や健やかな身体、協働性などを育むものである。その
うち、前節で取り上げた事例との関係で注目される要素は、遊びの「象徴性」、
「能動性」そして「任意性」である。すなわち、水路作りに興じる幼児たちは
雨樋やビールケースを建設部材とみなし（象徴性）、活動に没頭している（能動
性）。彼らはこの遊びからいつ離脱してもかまわないし、R君のように途中か
ら参加しても、基本的に排除されない（任意性）。「水路作り」という、閉じた
遊び空間を形成しているが、その参加者は出入りも活動内容も自由である。

　このような状況は、教科・領域教育という枠組みはあるものの、小学校の事
例でも指摘できる。帆船作りにいそしむ児童たちにとって、発泡スチロールや
ペットボトルは船の材料となり（象徴性）、これらをどう組み立てるかは児童た
ち自身の創意工夫に任されている（能動性）。そのなかで、K君らのように「造
船」現場を離れて別の「ごっこ」遊びを始めるのも自由である（任意性）。

　こうした特性をもって複数の幼児・児童による遊びないしそれに類する活動

（以下、集団遊び）が展開する時、適用されるべきマナーやルールは、集団遊びの参加者たちがみずから決定し実行することになる。それらは「一次的ことば」を用いて個別に指摘されるものから「二次的ことば」によって脱文脈的・一義的に宣言されるものまで、複雑な様相を呈する。しかもそれらは遊びのなかで見直される必要がしばしば生じ、彼らに適切な対応を自覚させることになる。

　このような状況をふまえるならば、「一次的ことば・二次的ことば」の発達・成長にとって、集団遊びの積極的な導入は、保育・幼児教育機関のみならず、学校教育の場においても意義が大きいといえよう。

2．トリックスター

　集団遊びにおいて、マナーやルールは参加者自身によって決定され、運用される。このことを参加者が自覚する上で、2つの事例には逸脱行為をもって関わる特異な存在が認められる。すなわち、R君・K君である。彼らは遊びのじゃまをしたり破壊的な行動を示したりすることによって、集団遊びの安定した展開を引っかき回している。迷惑を被ったY君やMさんらは、彼らの登場によって参加者が守るべきマナーやルールを自覚している。ここで注意したいのは、R君・K君の行為は単なる活動の妨害ではなく、Y君・Mさんが新しいルールや発想、ものの見方・考え方を生成する契機としてもはたらいているという事実である。ビールケースを重ねて滝を作るというY君の気づきや、細かく砕かれた発泡スチロールを甲板飾りに利用することを思いついたMさんの発想は、R君・K君の逸脱行為が契機となって生まれている。

　R君・K君のような存在は、文化人類学のいわゆるトリックスター（trickster）とよく似ている。トリックスターとは、道徳を無視し詐術やいたずらによって秩序を乱すことを主要な役割として与えられている神話的形象をいう。破壊者であるが創造者でもあるという、両義的な存在である。日本神話に登場する「因幡の素兎」や「素戔嗚尊」、『西遊記』の「孫悟空」などが代表例で、彼らは既存の秩序を乱しもするが、一方では新しい文化の創成に貢献する。

　教育実践場面におけるトリックスターとは、集団のルールを無視したり不適切な言動をくり返したりすることによって、安定した展開をかき乱す存在をい

う（藤森，2009）。彼らの行為はしばしばひんしゅくを買うが、既存のルールを見直させ、あらたな見方・考え方をもたらすきっかけともなる。R君・K君をトリックスターとしてとらえ直せば、子どもたちの社会性にかかる資質・能力は、彼らのような存在があってこそ育つとみることもできよう。

3．アプロプリエーション

　2つの事例における研究カンファレンスでは、R君・K君およびY君・Mさんの様子が議論されている。このなかで、たとえばMさんに見られた「二次的ことば」による逸脱行為への対応は、他の児童たちにも敷衍すべき資質・能力としてとらえ、扱うための配慮が求められるという認識が示されている。

　しかしながら、教師の介入が抑制された集団遊びでは、教師がMさんのような発言を意図的に引き出すことは不可能ないし不適切である。活動をともにする参加者が、みずから他者のことばに学び、それをみずからのことばとして獲得し使用する態度・能力が必要となる。

　このことについて、社会文化的アプローチと呼ばれる教育学研究の方法論では、アプロプリエーション（appropriation）という概念装置が示されている。アプロプリエーションとは共同体の参加者が心理的道具としてのことばを分有しながら使用し、それを発達させていくプロセスをいう（村瀬，2004）。すなわち、共同体を形成する参加者が互いのメッセージを交流させる際、他者が用いる語彙や文法的知識、論理構成などから、自分のそれとして取り込むべきものを見出し、実際に使用しながら発達させていく過程である。たとえば「一次的ことば」が飛び交う集団のなかで、「二次的ことば」によって状況を把握し対処する主体が現れた時、他の参加者が彼（彼女）の用いる語彙や言い回しを自分でも使ってみようとすることである。

　幼小接続教育の充実にとって、教師がこの概念装置をふまえて幼児・児童の活動を見守ることは、枢要な作業の1つとなろう。彼らのことばがいかにアプロプリエイト（appropriate）されているのかをとらえ、記述していくこと。これが幼・小を架橋する基礎工事の1つとなるに違いない。

（藤森　裕治）

【引 用 文 献】

ブーバー，M．田口義弘（訳）（1978）．我と汝・対話　みすず書房

藤森裕治（2009）．国語科授業研究の深層——予測不可能事象と授業システム——　東洋館出版社

鯨岡峻（1997）．原初的コミュニケーションの諸相　ミネルヴァ書房

水谷信子（1993）．『共話』から『対話』へ　日本語学，*12*（４）（128），4-10．

村瀬公胤（2004）．考えを分かち合う「アプロプリエーション」　秋田喜代美（編）子どもたちのコミュニケーションを育てる——対話が生まれる授業づくり・学校づくり——（pp.82-87）教育開発研究所

中田基昭（1996）．教育の現象学——授業を育む子どもたち——　川島書店

西尾実（1957）．国語教育学序説　筑摩書房

岡本夏木（1985）．ことばと発達　岩波書店

オング，W．J．桜井直文・林正寛・糟谷啓介（訳）（1991）．声の文化と文字の文化　藤原書店

尾関周二（1989）．言語的コミュニケーションと労働の弁証法——現代社会と人間の理解のために——　大月書店

Shipley, D. (2012). *Empowering children. Play-based curriculum for lifelong learning* (5th ed.). CAN: Nelson Education.

📖 読者のための図書案内

＊岡本夏木（1985）．ことばと発達　岩波書店：発達心理学の立場から、人間のことばと発達とのかかわりを議論した古典的名著である。本章の中心的な参考文献である。

＊佐藤慎司・佐伯胖（編）（2017）かかわることば——参加し対話する教育・研究へのいざない——　東京大学出版会：ことばとは何か、ことばで人とかかわるとはどのような営みなのかという問題を、言語教育、発達・認知科学、人類学の研究者たちが学際的に追究した論集。乳幼児期から成人に至る「ことば」が議論の射程に入っている。

＊日本認知科学会（監修）針生悦子（著）内村直之（ファシリテータ）（2021）．ことばの育ちの認知科学　「認知科学のススメ」シリーズ　4　新曜社：「一次的ことば・二次的ことば」の前段階にある乳幼児がどのように言語を獲得し成長していくのかを、筆者らの実験研究をもとにして解説している。平明な文体で研究課題が謎解きのように語られており、読み応えがある。

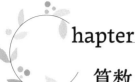

15

算数・数学における数学的な表現を
主体性に活用する力の育成

ICTを文房具の１つとして活用していくこと

わが国では、子どもたちの思考力・判断力・表現力の育成が重要視されているとともに、ICTを文房具の１つとして自由な活用と探究を始めている。そこで、本章では、算数・数学の学びに焦点をあてて、ICTの活用を含めた数学的な表現を主体的に活用する力の育成について考えていく。

はじめに、算数・数学教育における主体的な表現の活用と、教育におけるICTの活用の状況およびその関わりを考えていく。その上で、ICTの活用を含めた数学的な表現を主体的に活用する力の育成で大切にすべきことを述べ、そのことを小学校・中学校の実践事例をふまえて深めていく。

 第１節 | 変わりゆく子どもたちの算数・数学の学び

　わが国の子どもたちの学びは、不易と流行をくり返しながら、その時代にあわせて変化している。わが国の数学教育においては、国際的にみて数学的な思考力・判断力・表現力の育成に課題があり、近年は改善傾向であるものの、教員は子どもたちの思考力・判断力・表現力の育成に力を注いでいる。子どもたちには、ノートに式や答えのみでなく、状況に応じて、どのように考えて、どのように解き、どうしてそのような判断をしたのか、「事実」「方法」「理由」まで表現できるようにしたい。また、教師がかくように指導すれば子どもたちはかくが、それは主体的にかいているとはいいがたい。ここで、「書く」を用いず、ひらがなの「かく」を用いているのは、絵・図表等を「描く」ことをはじめ、幅広くとらえるためである。つまり、「かくこと」といった時、書くこと、描くこと、かくことに関わるさまざまな算数・数学の活動も含めてとらえ

ていく。

　一方で、近年では、日常生活で、ICTやAIの活用も進んできている。子ども
たちは、日常において、パソコンやタブレット、スマートフォン等が身近にあ
り、それらを自然と活用しており、その背後にはインターネットを介した、ビ
ッグデータやAIがある。このような状況から、算数・数学教育では、たとえば、
データの活用が重視されており、パソコン等のICTを活用した問題解決活動を
している。

　そこで、本章の目的は、算数・数学の学びに焦点をあてて、ICTの活用を含
めた数学的な表現を主体的に活用する力の育成の一提案である。ぜひ、子ども
たちにとって豊かな学びになるよう、一緒に考えていただきたい。

 ## 第2節 ┃ わが国における数学的な表現力およびICTの現状

　本節では、わが国における数学的な表現力の現状と、ICTの活用の実情につ
いて、小学校・中学校の現場の様子を中心に、課題も含め述べていく。なお、
地域の実情や状況をふまえて、考えてほしい。

1．わが国の数学的な表現力について

　文部科学省（2018）によれば、OECD（経済協力開発機構）によるPISA（Programme
for International Student Assessment）やIEA（国際教育到達度評価学会）によるTIMSS
（Trends in International Mathematics and Science Study）の国際調査から、わが国の
子どもたちの学力は上位に位置している状況である。一方で、国際的には上位
であるものの、これら国際調査とわが国が実施する全国学力・学習状況調査等
からは、思考力・判断力・表現力等に課題があることが示されている。近年、
教育現場の努力により、子どもたちの思考力・判断力・表現力等は改善傾向で
あることが報告されているが、全国学力・学習状況調査をみると記述式問題で
は無回答が多い。

　学校現場へ目を向けると、算数・数学の従来の授業の流れとして、①教員が
話題または課題を提示し、②めあてを子どもたち自身で見出し、③それを数学

的なコミュニケーションや数学的な表現をはじめとする試行錯誤をくり返しながら、個人による問題解決と協働による問題解決をして練り上げ、④最後にまとめと今後の課題を行い、そして、⑤学習感想をかく。子どもたちは、この問題解決の過程において、さまざまな数学的な表現をするが、型にあてはめたものが多いこと、教員のお手本を真似してかいているものが多いと感じる。また、授業の結末における学習感想では、数学的な本質に迫れているものもあるが、単なる感想にとどまるものもある。

　学校等の授業では問題解決の過程等の表現を一応かくことはできるが、学力調査やテスト等になるとかけない子どもも一定数いる。この違いは何だろうか。学校等の授業における問題解決活動では、教員が話題提供したものをある種の暗黙的な誘導によって学びを進めるため、誘導により答えを導き出せる。しかし、学力調査やテスト等では、子ども自身にとって本質的な問いになっていないため答えを導き出すことができない。これは問題解決活動があくまでも教員の問いや授業の問いの範囲にとどまっており、子ども自身にとって本質的な問いになっておらず、子ども自身による探究を含めた問題解決活動が十分にできていないからである。また、学力調査やテスト等における問題解決活動は、ひとりで問題解決しなければいけない。子どもは、子ども自身で問いを見つけ，問いに対して粘り強く探究していかなければいけない。

　このように、ひとりでの問題解決活動で、ひとりでかいていくという方略の経験が十分でないために、かけないという状況があるのだろう。ただ、学校等で学ぶ以上、教員が子どもたちに授業で教える・学ぶという構図は変わらない。学びをどの程度、子どもたちに任せるか、問題解決活動を意図的なものから離れてどれだけ自然にひとりでの本質的な問題解決活動としてできるかが課題である。

２．学校現場におけるICTについて

　2021年４月に、文部科学省は、GIGAスクール元年を迎えたと述べる。GIGAとは、Global and Innovation Gateway for Allの略称である。2019年に文部科学省が発表した「GIGAスクール構想」は、単にパソコンやタブレット、そして、インターネット環境等をはじめとする「ハード面」に限らない。「ソ

フト面」として、デジタル教科書や個別最適化な学びを推進するとともに、ビッグデータやAIの活用等がある。さらに、GIGAスクールは、さまざまな地域性を補完等、ICTによる活動を推進する指導者の養成とICT支援員など「指導体制」までふみ込んで構想されている。

　このGIGAスクール構想の実現は、2021年よりあとの予定であった。しかし、2020年に発生した新型コロナウイルス（COVID-19）の流行・蔓延により、この構想の実現が前倒しになった経緯がある。小学校・中学校への端末の配布は早期にほぼ完了しているが、2023年現在もいろいろな課題がある。次に、多くの小学校・中学校での授業を参観してきた筆者の知見をもとに課題を述べる。第1に、インターネット環境に課題がある学校等（家庭含む）がある点である。高速・大容量のインターネット回線がある学校等もあれば、脆弱なインターネット回線の学校等もある。小規模校の場合、通信会社のWi-Fiルーターで対応している学校等もある。そのため、ICTを活用した授業や活動に制限がある。第2に、子どもたちには十分な性能をもつパソコンまたはタブレットが手元にあるものの、電子黒板の配備が十分でない学校等、そもそも電子黒板でなくテレビで代用している学校等、また、デジタル教科書をはじめとするデジタル教材が十分でない学校等など、機材・教材が十分でない。第3に、これらのインフラを活用しきれていない学校等がある点である。例えば、学校教育において、ICTを単に教材の提示だけで、テレビや電子黒板に映して終わらせている学校等がある。このように、教員の指導力・スキルに関する問題がある。あわせて、それらの背後には、教員のモチベーションの課題もある。これらの状況は、MM総研（2023）の調査報告もあわせてみていただくと理解が深まる。

　このように、ある地域の学校等ではGIGAスクールが進んでいれば、一方で、インフラや教員の側でさまざまな課題を抱える学校等もある。

 第3節 ｜ 主体性に注目した数学的な表現とICTのかかわりについて

1. 数学教育における表現体系と主体性

本章が焦点をあてる算数・数学の学びにおいて、数学的な表現はなくてはな

らないものである。算数・数学における問題解決活動で子どもたちは、まず思考をして、その思考を表現する、さらに、その表現をみて思考をする。そのような試行錯誤の過程を通して、よりよい問題解決活動となっていく。その過程には、数学的なコミュニケーションをはじめ、さまざまな試行錯誤の過程を含むこととなる。

　表現については、中原（1995）の数学教育における表現体系が代表的で、E 1．現実的表現、E 2．操作的表現、I．図的表現、S 1．言語的表現、S 2．記号的表現の順に、理解されやすい表現から理解しにくい表現へ、具体的な表現から抽象的な表現へと位置づけられている。そして、図15－1の下から上に向かって、Eの方がIよりも、Iの方がSよりも早期に獲得される。かくこととは，図的表現、言語的表現、記号的表現を用いた活動である。図的表現は絵、図、グラフ等で、視覚性やイメージ性に富む。問題の背景にある数学的な内容を顕在化させることができ、問題に現れていない数値等を意識させることができる。言語的表現は日本語や英語等で、自分の考えを表出でき、何にこだわっているかを自覚することができる。そして、自分の考えを文章で表現することでは、自分の考えを客体化できる。さらに、その文章を読み直すことで、思考を深めることができる。記号的表現とは数字や数学的な記号等である。どのように問題を解決したかが一目でわかり、式の形を見直すことによってあらたな解決方法が生まれる。このように、かくことによって、反省的にとらえることで思考が変容する。

　清水（2012）は、書きことばの特徴に注目し、主体性に関わる書きことばの困難性として、動機と随意性・有意性の２つを指摘している。そして、書きことばの困難性を克服し、さらにかくことを主体

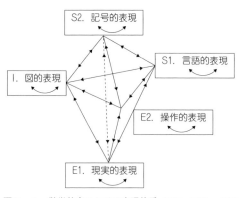

図15－1　数学教育における表現体系 （中原，1995，p.202）

的にする教師の視点として、次の4点を示した；①教師は生徒に自分なりにか
くことおよび図的表現を用いていくことを認めることで表現の規約性および抽
象性を緩和すること。そして、教師は生徒にさまざまな表現の自由な使用を促
し、しだいに言語的表現および記号的表現を用いることができるようにするこ
と。②かくことの楽しさを感じさせることがかくことの動機づけを促すこと。
そして、かくことについて内発的に動機づける際には、手段でもかまわないの
で自分からかくように促すことと、「わかる」環境を整え、しだいにかくこと
を主体的にさせること。③数学の学びのなかで、「双原因性感覚」をもたせな
がら、教師と生徒がともに知的対象に向かい、そのなかで表現を用い、かくこ
との楽しさおよびよさといった価値づけを行う「場」を意図的に設定すること。
④教師は生徒がよりよい楽しさおよびよさを求める状況で、新しい表現を示す
ことで、生徒は主体的に新しい表現を用いていくこと。

　さらに、清水（2013）は、書きことばに図的表現も含めたかくことの困難性
を提案した。そして、かく活動は、本来、個人内で処理が行われる活動である。
このことをふまえ、これら困難性の克服として、相互教授法のしくみを数学的
な表現の指導に適用した。具体的には、①本来個人内（1人）で行われる「処
理」を、個人間（2人以上）の「役割」として外化し、その役割を明確化する、
そして、②子どもたちは、教師による指導を通して、知識・技能・技能の使い
方（方略）を学び、③それぞれの役割（数学的な表現を用いて説明する役、その説明に
対して数学的な表現を用いて質問する役）を担い、問題解決活動を通したやりとり
を行わせる、④しだいに，教師の子どもたちへの関与を減らし、かくことに慣
れされていく。このように、かくことを外化・明確化・分散化することで、か
くことの負担を緩和し、数学的にかくことを促すことを提案した。

2．主体的な問題解決活動を目指した数学的な表現とICTのかかわり

　次に、子どもにとって、主体的な問題解決活動を目指すにあたって、数学的
な表現に焦点を当てながら、ICTとのかかわりを考えていきたい。

　たとえば、授業にICTが導入されることで、動画を含めた動的な表現等によ
る仮想体験がしやすくなり現実からの情報が豊かになるとともに子どもからの

働きかけが多様化すること、インターネットを介してさまざまな情報が簡単に取り扱え共有できること、計算や分析が手元でできること等々さまざまな学びの広がりがある。また、小学校の算数では、図形の学びにおいて、子どもたちが身近にあるいろいろな三角形や四角形の形の写真を撮ってきて、インターネットを介してクラスで写真を共有し、クラスで類別をしていくことができる。さらに、考えたことはチャットやロイロノートをはじめとするLMS（Learning Management System）を介して、簡単に共有できる。中学校・高等学校のデータの活用の単元では、子どもたちは実際のデータをインターネット経由で取得し、それをみずからの端末のソフトウエアで統計的な処理・分析を行い、それをさらにインターネットを介して発表できる。このように、数学的な表現活動が、ICTの活用により、数学的な表現活動の範囲を広げることができる。

第4節　学校現場におけるさまざまな取り組み

　本節では、ICTを活用しつつ、主体的に数学的な表現活動がなされている算数・数学の授業実践を、小学校・中学校を中心に紹介する。

　はじめに、奈良女子大学附属小学校の授業実践を紹介する。奈良女子大学附属小学校では、礎を築いた木下竹次主事の学習に具備する4要性（①学習を発動的にする、②学習を創造的にする、③学習を努力的にする、④学習を歓喜的にする）のもと、「しごと」「けいこ」「なかよし」という教育構造を構成し、学校教育を行っている。算数は「けいこ」に属する授業である。算数の授業は、多くが「（1）学習の「めあて」をもつ→（2）独自学習をする→（3）相互学習をする→（4）本時の「ふりかえり」をかく→（5）教員の話を聞く」という流れで学習過程を歩み、受け身でなく、主体的な学びをしている。授業の進行も、子どもが黒板の前に出て司会を行う。授業中には、「おたずね」という伝えあい活動が起こる。これは、単なる伝えあい活動ではなく、「おたずね」の相手からさらなる豊かな情報を引き出すこと、また、新しいことがらを生み出すこと、クラスで情報を共有しクラスの総体として情報を豊かにすること、クラスで話をじっくり聞き情報を吟味することといった取り組みである。このことにより、

主体的で活発な意見交換となっている。

　授業は教員が課題を提示し、子どもによる司会のもと、上記（1）から（5）のように学習過程を歩む。（2）独自学習の段階は、静かにひとりで考える時間であり、子どもたちは思考し、思考したことをノートへ表現し、さらに表現をみて思考する。そのような試行錯誤の過程を歩む。そして、（3）相互学習の段階は、子どもが黒板の前で司会を行い、司会が挙手した子どもを指名し意見を言う。そして、友だちの意見を聞きながらよいところをまとめる。その過程では、友だちの意見につけ加えることやわかりにくいところを整理して、「おたずね」や「つけたし」をする。教員はあまり話さず、子どもによる授業である点が大切である。

　奈良女子大学附属小学校ではさまざまな段階でICTを活用しているが、主に（3）相互学習の段階の時に、子どもたちは、ICTを自由に活用している。たとえば、発表や発表に対する「おたずね」「つけたし」といった説明をする際に、単に話しことばだけでなく、数図ブロックやおはじき・お金の模型・数え棒等を書画カメラで映し動かし見せている。また、タブレットでノートの図や言葉の記述の写真を撮り、発表もしている。なお、教室は、黒板の上にTVを設置し、インターネットを介して、子どもたちのタブレットを映し出すことができるようになっている。そして、子どもたちは、ICTを教員に指示されることなく、子どもたちみずからの判断で自由に主体的な活用をしている。このように、子どもたちの自由なICTの活用によって、子どもたちみずからの問いに対して、発表や「おたずね」「つけたし」の情報をより豊かにすることができている。

　次に、大阪府池田市立池田小学校では、「おたずね」や「つけたし」を、少し形を変えて取り入れて子どもによる主体的な学習活動を進めている。図15－2は小学校3年生の算数の授業で、「1mの値段が312円のリボンを、3m買います。代金はいくらですか」という課題である。この授業では、教員が司会・進行をしつつ、子どもひとりで考える時間をとり、クラス全体による相互学習をしている。相互学習の段階では、教員から「ちょっと聞いてもいいかな。教えてほしいんだけど、どうやって解いた？」という投げかけに対して、子ども

図15-2 黒板前でタブレットと電子黒板を用いて考えを説明する様子

たちから図、式、言葉だけでなく、「図も式もどっちも考えた」という発言もあった。実際に、子どもたちのノートには、さまざまな図、表、言葉、数式が主体的にかかれている。そして、今回は、相互学習をするためのツールとして、図15-2、15-3のように、ICTを活用し、情報を共有し、説明を豊かにしている。特に、子どもたちも教員も、無理なく、強制でなく、自然と、タブレットや電子黒板を、鉛筆や定規などの文房具の1つとして活用できているところがよい。ICTの活用は、他者から知識・情報を得て、学びの過程（たとえば、相互学習や試行錯誤）を経て、子ども個人の考えが一層深まる。

　ある中学校の数学では、データの活用において、人が美しいと感じる長方形の特徴について検討するという、生徒たちにとって身近で興味をもちそうな内容を実践している。まず、生徒たちは、美しいと感じる長方形をいくつか描く。そして、何を根拠に美しいとするか議論し、縦と横の長さに着目していく。生徒たちは、縦と横の長さを測り、データを表計算ソフトのシートへ入力する。現在の状況ならばICTを活用してインターネット上でシートを共有でき、同時に入力ができる。そして、生徒たちは、シートに集めたデータをもとに個人またはグループで分析・探究を始める。その後、分析の結果をクラス全体へ説明するが、説明にはパソコンを活用してテレビへ資料を映し出し説明し、話し合いを通して深める。棒グラフで表現すると、多くの場合で2ヵ所突出する部分があり、それはデータ入力時における縦と横の長さの着目の仕方の違いであるため、データを修正して再度探究する。最後に、美しい四角形の特徴や現実の世界とのかかわりについて、パソコンを用いて理由等もあわせて説明する。これらの説明は、グラフやデータそのもの等もあるが、なかには分析・説明のために再構成してさまざまな数学的な表現を主体的に、しかしながら無理なく、

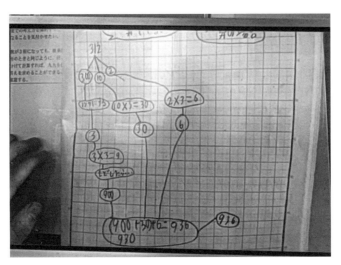

図15－3　電子黒板に映し出された映像

ICTを活用してうまく説明している。

　このように、思考・表現のためのツールとしてのICTの活用は、田村（2018）の述べるような多面的・多角的にみたり、理由や根拠を考えたりして、知識・技能をつなげ、知識・技能のネットワーク化をし、知識・技能の塊にしたり、比較したり、分類したり、予測したり、工夫することができる。要するに、知識・技能を関連づけることで、思考・理解が深まり、学びや探究が深化している。算数・数学の立場では、このような学びは、学習指導要領上、算数・数学の目標や内容に適している。

　他の小学校、中学校、高等学校等においても、ICTの活用のすばらしい実践をされている学校は多い。たとえば、GeoGebraを活用し、立体図形を作成し、動かし、仮想体験をする。また、子どもたちの考えたことや記述、ふり返りを、インターネット上のチャットで共有するという取り組みの学校もある。このように、子どもたちがアプリケーションも含め、ICTを文房具のように、問題解決の文房具の1つとして自由に選択・活用できるような環境こそ、子どもたちにとって自然で豊かな学びとなり、子どもの将来を見越した活きた学びとなる

のではないかと考える。

 第5節 これからの子どもたちの豊かな学びのために求められるもの

　本章では、算数・数学の学びに焦点をあてて、子どもたちに身近なものとなったICTの活用を含めた数学的な表現を主体的に活用する力の育成について考えてきた。最後に、子どもにとって、ICTの活用を含めた数学的な表現を主体的に活用する力を育成するために大切にすべきことについて整理する。

　第1に、子どもたちの主体的で豊かな学び、そして、主体的に数学的な表現をかいていくためには、ICTについて、学校等でも家庭でも、ICTを自然と文房具のように活用していかなければいけない。（1）環境として、ICTを文房具のように活用できるように、ICTの基礎的・基本的な使い方を学ぶとともに、自然に活用できるようにするという意味での子どもの学びの環境を整えることが大切である。たとえば、さまざまな学び等において、教室や自宅で、子どもたちがICTへ簡単に手に届くようにしていただきたい。そして、数学教育の立場からは、（2）算数・数学におけるICTの基礎的・基本的な使い方とともに、ICTの活用を含めた問題解決における数学的な表現の活用の仕方を学び，その活用のよさを感じる必要がある。とくに、失敗してもかまわないので、自分なりに活用させていくことが大切である。そのことが、数学的な表現の主体的な活用へとつながる。

　第2に、間接的なことであるが、活用の事例を積み上げ蓄積し、また成果を広く公開し、そのことをもとに個々に活用の仕方を検討していくことである。4節での事例のように、近年では、ICTの活用の実践事例が多くみられるようになってきている。これらからは、子どもたちのよりよい教育への教員の熱意が感じられる。しかし、実践事例の共有については十分ではないと感じている。そこで、実践事例を蓄積し、広く公開するとともに共有し、その上で、参考となる成果はぜひとも他校でも実践してもらいたい。そして、学校等では、地域の実情に応じて、実践の成果を活かしていくこと、教員の研修を充実させ指導力を向上することが大切である。さらに、家庭でも活かせるように、学校等か

ら家庭への情報発信もできるとよい。

　このような視点を大切にしながら、学校等や家庭においても、ICTに関わるさまざまな状況もあるので、無理なくできる範囲で柔軟な対応のもと、今を生きる子どもたちとともに、豊かな学びを築いてほしい。

（清水　邦彦）

【引 用 文 献】

MM総研（2023）．ICTを活用した授業スタイル変革に温度差，https://www.m2ri.jp/release/detail.html?id=570（最終確認：2023/01/26）．

文部科学省（2018）．小学校学習指導要領（平成29年告示）解説　算数編　日本文教出版

中原忠男（1995）．算数・数学教育における構成的アプローチの研究　聖文社

日経パソコン（編）（2022）．よく分かる教育DX　日経BP

清水邦彦（2012）．数学的な表現の主体的な活用を促す指導の研究（4）──書きことばの「特徴」に焦点をあてて──　数学教育学研究, *18*（1）, 7-14.

清水邦彦（2013）．数学的な表現の主体的な活用を促す指導の研究（6）──書きことばの困難性からかくことの困難性への拡張による提起──　数学教育学研究, *19*（2）, 1-13.

田村学（2018）．深い学び　東洋館出版社

📖 読者のための図書案内

＊中原忠男（1995）．算数・数学教育における構成的アプローチの研究　聖文社：本書は、協定的構成主義にたって、算数・数学の授業過程論を構築することを試みている。内容は、理論と実践によって構成されていて、学術書である。しかし、教員にとって、指導の参考になる内容が多い。特に、中原の「数学教育における表現体系」は、授業および学びへの示唆を得ることが多い。

＊G. Polya, 柿内賢信（訳）（1954）．いかにして問題をとくか　丸善：「もし、未知の問題に出会った場合どのように考えたらよいか」ということが数学という視点から述べられている。本書は、現代においても、多分に示唆を得る内容となっており、日常生活や仕事など、あらゆる場面で活用できる問題解決についての考え方の基本が示されている。

＊内閣府．科学技術・イノベーション　https://www8.cao.go.jp/cstp/stmain.html：内閣府が、今後、わが国が求めている科学技術に関わる方針と理由、その説明等が示されている。子どもたちに求められる力として、どのようなものがあるかを理解するには参考になる。

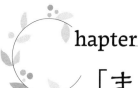

Chapter 16

「まなびほぐし」を基盤に据えた造形教育

本章は将来保育者を目指す学生に対して、子どもの「感性」や「造形表現（図画工作）」に寄り添うことができるよう、既成の知識や体験を見直し、教員から「教わる」という学び方を解体して、ものや他者との関係性によるみずからの遊びの感覚とともに組み直す「まなびほぐし」を基盤とした本学の造形表現に関する授業実践の一端を提示するものである。具体的には素材・用具体験、指導法・援助、教材化・実践化のプロセスを各専門科目「幼児と表現B（図画工作）」（2年次）、「保育内容の〈表現〉の指導法」（3年次春）、「造形表現演習」（3年次秋）内において実践してきたものである。

 第1節 | **保育者自身が感じて学ぶ造形表現（図画工作）の授業**

　萌芽的ともいえる乳・幼児期の造形表現は、感覚器官を通して身近にあるものにふれて（自分の口でしゃぶったりなめたり、手でたたいてみたり、持ったり、握ったり、押したり…など）、そのものの性質（そのものの固さ・柔らかさ、温かさ・冷たさ、つるつる・ざらざら、どのような形をしているか…など）をくり返し「たしかめていくこと」から始まる。そこでは絵を描いたり、ものをつくったりした結果としての作品よりも、子どもみずからが感じたり、考えたりしながら「たしかめる・ためす」行為に意欲的に取り組み、十分楽しむことで満足感や充実感を味わう過程そのものをとらえることが肝要である。乳・幼児にとってそうした行為や活動の積み重ねが豊かな感性やさまざまなイメージができる力（想像力）を培い、心身ともに成長していくことにつながっている。

　そうした子どもたちと寄り添う保育者は、乳・幼児期の個々の発達や育ちに着目することはもちろん、目の前のその子が発見し真剣に取り組んでいる遊びを認めて、その過程を見守る姿勢を大事にしてほしい。その子なりに発見した

こと、やり遂げられたことを保育者に投げかける「みてみて！」の声に耳を傾け、その発見できた喜びと嬉しさに共感できるかが保育者の大切な役割である。特に、乳・幼児は言葉で自分の気持ちをうまく表現できないので、保育者が子どもの表情やしぐさから気持ちを読み取ることが求められる。またどのような素材や道具を準備し、その出会わせ方や環境づくりをどのように行うかは、日々教材研究として取り組む必要がある。

　このような保育者を養成していくために、文教大学の造形表現では、将来、保育者となる学生に対して、子どもの発達の理解にとどまらず、また単に「絵を描くこと」や「つくること」といった、大人がみて喜ぶ（たとえば、上手・下手といった見方）ような「作品をつくること」あるいは「作品になること」を前提とした教材観を学ぶのではない。まずは子どもと寄り添うためのみずからの「さわる」「きく」「かぐ」といった五感を基盤とした感性と向きあうこと、また新型コロナ感染拡大による「巣ごもり生活」が続いたことや外出においては「マスク着用」「手指消毒」が常に求められるなど、直接体験や五感を通した行為が制限されてきた乳・幼児期の子どもたちにとっては、今、必要な体験としてポスト・コロナ時代の「造形表現」とは何か、を改めて考えることが求められている。

 第2節 ｜ 授業実践のための視点

1．ものや他者との関係性から学ぶ「まなびほぐし」

　前節で述べた保育者養成における造形表現の授業を構築していく上で、身近なものとの出会いについて改めて考え直す視点として、佐伯胖が提唱する「まなびほぐし」（アンラーン unlearn）の視点が有効である。「まなびほぐし」とは「まなび（learn）」のやり直しであり「これまでの『まなび』を通して身に付けてしまっている『型』としての『まなびの身体技法（まなび方）』について、それを改めて問い直し、『解体』して、組み替えるということを意味」する（苅宿・佐伯・高木，2012，p.62）。

　それは既成の知識や技能を教員から「教わる」という学び方を解体するものであり、ものや他者との関係性から遊びの感覚とともに組み直す営みである。

2．ものや人との対話的な実践による学び

　近年のイタリアのレッジョ・エミリアの幼稚園・保育所で実践されている「モノとの対話」にみられるように、他者やものとの関係性から構成される「構成主義的な学び」は、それらの相互作用による認知発達に基づいた「状況的認知」論や「状況的行為」理論として、実践されてきている。この構成主義的な学びにおける「知識は外側から与えられるものではなく、学習者が人やモノ、環境等と関わることによって構成する」という立場は、文教大学の造形表現に関する授業を支える学習論である。また対話に着目した学びについては、佐藤学の「対話的学びの三位一体論」がある。佐藤によれば「学び」が成立する要件とは「出会いと対話」である（佐藤，1997，p.25）。ここで取り上げる「学び」とは、モノ（対象世界）と他者と自分との対話的な実践において構成されるものととらえられる。つまり「学び」とは「もの」や「こと」や「人」とのかかわりを、学び手の身体を投企して紡ぎあげる営みである。

　この構成主義的な学びや佐藤の「身体技法としての学び」、佐伯の「まなびほぐし」といった視点は教材研究の視点としての示唆を与えてくれる。また既成概念や身近なものに意識的に目を向けていくためのあらたな視座を与えてくれるものでもある。

3．乳・幼児の造形表現と「まなびほぐし」による授業実践

　前節までに述べてきた課題意識や「まなびほぐし」等の視座を取り入れながら、本学の専門科目の授業実践「幼児と表現Ｂ（図画工作）」「保育内容の指導法〈表現〉」「造形表現演習」は主に３つのレベルで構成している。３つのレベルとは①素材・用具体験、②具体的な指導法の探求・教材研究、③教材の実践化・実践・ふり返りであり、学生は主体的・対話的に学ぶスタイルで実践している。

 第3節 ┃ 素材・材料体験を中心にした授業

1．「まなびほぐし」としての素材との出会い

（1）素材としての「京花紙」の授業実践

①貼って、削る：保育において京花紙は「おはながみ」という名称で、文字通り「お花」をつくる紙として、さまざまな色がある和紙として身近な素材である。その特徴はティッシュペーパーやトイレットペーパーと比べると、丈夫でしかも薄いという特徴をもっており、授業ではその素材がもつ色彩や可塑性を活かした体験を行う。まずは、霧吹きスプレーで水をかけた壁（プレートを立てた状態のもの、日の当たる窓やドアなど透明な場所なども可）にゆっくり京花紙を近づけると「ぴたっと」くっつくことを利用して、色とりどりの紙を幾重にも貼りつけていく。

次にその貼り重ねた紙を指１本や手でひっかいて削り取る。またひっかいて取れた紙を丸めて再び貼りつけることもできる（図16−1）。そうした「貼って、削る」感触を楽しんだ後、削り取った小さな紙のかけらは、そのまま捨てずに集めてもっとちぎって、細かくし、透明な容器に集める。

図16−1　貼り重ねてひっかいた京花紙

②集めた紙が粘土へと変わる

最後に、先ほどの集めた紙のかけらに液体のりを少しずつ加えて、手でこねていくと、のりの量によって、だんだんと塊（粘土）がつくれるようになる（図16−2）。その塊を自分の好きな形がつくれるようになるまで、のりの量を調整しながらこねていき、造形物として完成させる。

（2）素材の変化を楽しむこと

この活動では、まず、のりやテープを使わずに、（霧吹きの）水のみで紙が貼りつくという驚きがある。紙

図16−2　こねていくと粘土になる

を貼るためにはのりやテープが必要である、という既成の概念を崩すとともに、紙を指で削り取る行為とその感触を楽しむ感覚は京花紙の一般的な使用の仕方とは異なる。

　また集めた紙のかけらを液体のりと混ぜることで、いわゆる「紙粘土」を生成し、粘性や固さが変化していくことも学生の驚きにつながり、この活動のおもしろさである。

2.「まなびほぐし」としての用具との出会い

（1）「手で感じる」授業実践：フィンガー・ペインティング

　この実践では「フィンガー・ペインティング」としての専用の絵の具を使用して、筆ではなく直接、自分の身体とくに指や手で絵の具にふれ、その感触を味わったり、色の混ざり具合を体感したり、友だちとのかかわりを楽しむことがねらいである。

　絵の具を「感じる」ための手立てとして、①絵の具を出す前に専用のプレートを水の滑りをよくするために手で適度にぬらす。この時、学生はバケツに直接手を入れ、その手についた水を塗り広げることから始める。②水を塗られたプレートの上や手に直接絵具をスプーンで落とす（スプーンで３～４回が適量）。絵の具との出会いとして、直接手に渡すと絵の具の冷たさや柔らかい感触を感じられておもしろい。はじめは１色から始めるが、活動の様子を見ながらほかの色を足していく混色する楽しさを味わうことができる（図16-３）。③指や手で絵の具にさわる感触や指や手を動かした跡で描くことができることを十分に体験した後、描いた痕跡をコピー用紙などの上質紙に写し取る遊びもできる（モノプリント）（図16-４）。

図16-３　指や腕で描く

（2）後片付けも含めた絵の具の学び

　この活動は、絵の具は「筆」と「紙」で

扱い何かのイメージを表現するものである、という学生の概念を揺さぶるねらいがある。直接、絵の具のついた手で一緒に活動する友だちと握手をしたり、お互いの腕に塗りたくったりすると汚す楽しさと同時に絵の具の感触（冷たさ、ぬるぬる感など）を体験できる。ここでは絵具との出会いを印象づけるための導入の工夫（直接手に渡す、まずは指1本だけで絵の具にさわってみよう、など）や雑巾と一杯のバケツのみを使って後片づけをする方法など、広い水場が確保できない場でもこうした活動ができることを学ぶ。

図16－4　モノプリント

❖ 第4節 | 指導法・援助について体験的に学ぶ授業

1．材料・用具との出会いから環境構成を学ぶ：自然材を通して

（1）「切る」ことから

この実践では造形表現の指導法として、安全面に配慮しながらどのような環境を設定するかを体験的に学ぶ。環境構成は①鋸（片刃、両刃、折込）、②木工やすり、紙やすり（80~400番）、③錐といった用具と、素材として構内で切り落とされたさまざまな太さ・長さの枝である。

学生には、これらの用具で①枝を切ること、②枝を削ることの留意点のみを伝え、素材（枝）や用具（鋸等）と探索的に関わる場や、自分や他者との行為のなかで「感じること」や「誘発される遊び」を発見することをねらいにしながら、グループでその遊びの楽しさや子どもの遊びとの共通点などを探る活動を行った。

（2）場や用具、他者から誘発される遊びを体験する

写真16－5、6のように、教員は木の扱いや切り方も「どのように切ったら切りやすいか」あるいは「削りやすいか」はあらかじめ伝えずに、危険がないかぎり、見守るようにする。「切りやすさ」という「効率性」よりもまずは用

具と枝を「どう扱うか」に学生それぞれがこれまでの体験をもとに挑む。当然、個々の学生の使用経験の有無によって用具や素材の扱いは異なるが、グループのメンバーで協力しあいながら活動を進めていく。

　「何かをつくること」を授業のねらいとしないことで、同じ用具でもそれぞれ異なる扱い方を試したり（図16‐7）、枝と関わるなかで、「高さや長さくら

図16‐5　自分たちなりに「切る」

べ」をしたり、表面の「皮」を望遠鏡のようにして覗いてみたり、ひたすら剥いだり、紙やすりで「つるつる」にすることを目指したりする「ためす」行為が現れている。また「モルック」（木でするボーリングのようなスポーツ）や「ゴルフ」といったスポーツや木の皮を皿に見立てて、料理の盛り付けをしたり、枝を組み合わせてテントや焚火に見立てたりするなど、「ごっこ遊び」につながる活動もみられた。またその場で出会う小さな草花や生き物（カナヘビ）とのかかわりなど、当初の計画とは異なる活動もみられた。

　この授業は、自分がこれまでの経験からもっている「素材や用具の扱い方」の知識や技能や遊び方について、グループ活動を通して改めて編み直す体験となっている。

図16‐6　やすりで「削る」

図16‐7　人それぞれかかわり方が異なる

２．屋外における絵の具の活動の環境づくりと援助

（１）透明な支持体と絵の具から

この活動は、「描く」支持体として、紙ではなく、透明な素材：ストレッチフィルムに描く体験である。構内の木と木の間にストレッチフィルムを巻いて張った場を自分たちでつくり、紙以外にも描くことができ、描くのに心地よい濃さに溶いた絵の具で思い思いのイメージを描いた（図16－8）。

木にフィルムを巻きつけることで、直接そこに描いたり、手形をつけたりという活動もみられた（図16－9）。

図16－8　透明な支持体に描く

図16－9　巻きつけた木にも描ける

（２）これまでの学びと環境構成に対する視点

学生は、透明な素材に描くことができる発見・驚きとともに透明な素材だからこそできる表現を体験するなかで、屋外における活動においてどのような環境・援助が必要なのかを体験しながら学ぶ。

 第5節 ｜ 実践を通して学ぶ：子どもを対象にした造形ワークショップ

１．他大学の学生とともに学び、子どもと行う造形ワークショップ

これまで学生が造形表現に関するカリキュラムで学んできた「素材・用具体

図16−10　子ども元気プロジェクト2022

図16−11　他大学との交流会

図16−12　ライトで光を感じる

験」「指導法・援助の仕方」等を活か
す実践の場として、実際に子どもを対
象にした造形ワークショップがある。
この造形ワークショップは、数年
（2015年度～2019年度）にわたり継続して
きた対面による子育て支援プロジェク
ト「子ども元気プロジェクト」（2020年
は新型コロナの感染拡大防止のため中止、
2021年に再開。詳細は『大学間の連携・協働
的な実践としての子ども元気プロジェクト
2021』、日本保育学会第75回大会発表抄録集）
という、他大学のキャンパスや他大学
の学生との共同研究のなかで実践して
きた（図16 - 10、11）。

2．他大学の学生との学びと
　子どもを想定した学び

　このワークショップでは、学生のこ
れまでの学びの集大成として、「実習」
という免許や資格取得のための科目で
はなく、「造形表現演習」（3年次秋学期
科目）を履修する学生が実施した（2022
年度）。学生は3グループに分かれ、
子どもたちがコロナ禍で不足している
「感じる」「聴く」「ふれる」といった
感覚と「光」（図16 - 12）、「音」（図16 -
13）、「絵の具」（図16 - 14）の素材体験
をテーマとした造形的な遊びを立案し、
グループごとに準備を進めた。前年度

の課題（他大学に所属する学生間の活発な意見交換、それぞれの大学の知的資源の活用）を克服するため、ともにワークショップを実践した十文字学園女子大学グループとの事前協議では対面形式にこだわるとともに懇親会を設定し、相互の活発な議論が展開されるように工夫した（図16-15）。

　また、前日準備として学生が会場の十文字学園女子大学へ訪問し、施設状況をふまえた環境の設定および活動内容の修正を試みた。プロジェクト当日には、ほかのグループ（運動的な遊び、音楽的な遊び）の活動を見学する時間も設け、学生間の学びを促すようにした。プロジェクト実施後の「ふり返り」では、造形グループの活動を見学した十文字学園女子大学学生からの意見を参考として、活動内容や援助のあり方を深める学生の様子を見ることができた。

　実際にグループ活動で子どもの活動を想定してワークショップを企画し、子どもの興味関心、気持ちを考えた環境づくり、時間配分、声かけの仕方などを実践できたことは、これまでの自身の「まなびほぐし」による学びの集大成でもあり、またこの実践を通して他大学の学生の姿勢

図16-13　楽器をつくって音を感じる

図16-14　絵の具の感触をふれて感じる

図16-15　懇親会の様子

第5節　実践を通して学ぶ：子どもを対象にした造形ワークショップ

やプログラムを知ることは、自身の学びをふり返り、編み直していく機会にもなっているといえるだろう。

 ## 第6節 | 学生の「感じる」体験と「まなびほぐし」の授業実践を通して

　本章では、学生の学びとして①「素材・用具体験、②具体的な指導法の探求・教材研究、③教材の実践化・実践・ふり返りの3つのレベルで構成された本学の保育者養成における造形表現の主体的・対話的に学ぶ実践についてまとめた。

　具体的な事例としてあげた授業実践では、既成の知識や技能を教員から「教わる」という学び方を解体し、ものや他者との関係性から遊びの感覚とともに組み直す営み＝まなびほぐしの視点を基盤としながら実施してきたものである。

　学生がこの造形に関する授業カリキュラムの一連のつながりのなかで、より造形素材のもつ多義性をみずから探索し、みずから「感じる」体験を通して教材研究していくなかで、子どもの「感性」や「造形表現」を理解しながら実践の場へと歩めるよう、今後も引き続き、授業内容を精選し追求していきたい。

（宮野　周）

【引 用 文 献】

苅宿俊文・佐伯胖・高木光太郎（2012）．ワークショップと学びⅠまなびを学ぶ　（p.62）東京大学出版会
佐藤学（1997）．学びの身体技法　（p.25）太郎次郎社

📖 読者のための図書案内

＊平田智久監修・小野和・宮野周編著（2022）．『〈感じること〉からはじまる子どもの造形表現──理論と実践事例から学び、考えよう──』教育情報出版：なぜ、乳・幼児にとって「造形表現」が大事なのか。乳・幼児の造形表現やそれとつながる造形美術文化について理解をより深められるよう、理論と実践事例がイメージしやすく構成されている。子どもの発達について、ものとの関わりや表現する子どもの姿から考えることができるテキストである。

＊槇英子（2018）．『保育をひらく造形表現（第2版）』萌文書林：子どもにとっての造形表現の意義や発達、造形表現指導の実際について、理論と豊富な実践事例とともに紹介されている。子どもの造形表現に必要な環境構成や時間の目安などが細かく示されており、具体的に活動をイメージしながら計画を立てたり、実践したりする上でとても参考になる。

hapter 17

大学生の子どもを見取る作業とその成果

「自律的学習」観に立つ、プロジェクト的な取組を通して

奈良女子大学附属小学校は、大正自由教育期から木下竹次（『学習原論』）の「自律的学習」に基づく教育を現在も行っている。昭和23年からは、重松鷹泰のもと、「奈良プラン（しごと・けいこ・なかよし）」による教育を開始した。筆者は、「しごと」において、「『気になる木』の『はっぱ』をふやそう」というプロジェクト的な学習を開発し、「子どもによる授業（子どもが授業推進者となる）」を実践した。そして、子どもが自律的学習法を体得する教育に努めた。

そこで、そのような「自律的学習」観に立ち、ゼミ生が子どもを見取る力を身に付けるプロジェクト的な取組を通して見取る作業を行い、子どもを見取る力を身に付けることをめざした。

 第1節 「自律的学習」観に立つ、授業における子どもを見取る力

「自律的学習」は、個人的教育を重要視する。「自ら機会を求め、自ら刺激を与え、自ら目的と方法を定め、社会に依拠して社会的自我の向上と社会文化の創造を図る」学習生活（研究的生活）を実現し、子ども自身が自律的学習法を体得することを目標とする。具体的には、子ども自身が、一人で「予備・修得・応用」と作用する三段階を歩む「独自学習」に取り組む。次いで、「独自学習」の成果を持ち寄り、「予備・修得・応用」と作用する三段階を団体で歩む「相互学習」に取り組む。その後、授業推進者の子どもは「相互学習」の成果をもとに、「さらなる独自学習」に取り組む学習である（木下，1923）。

筆者は、「相互学習」において、「子どもによる授業」を開発した。授業推進者の子どもが「独自学習」の成果とそこから生じた「気になること」を提案し、

対話を通して、自分の学習の不備・不十分・不確かなことを明らかにする授業である。そのような「子どもによる授業」は、子どもの「関心の在り方（関心の方向、関心の対象、関心の広がり）」と1945年以降の奈良女子大学附属小学校学校目標「人間として強い人間」の基礎としての能力の論理的分析による「指導の要訣（コツ）」を背景とする授業である。

　「子どもによる授業」における学習指導についてである。まず、授業推進者の子どもが行った「独自学習」を手がかりとして、その子どもの「関心の在り方（関心の方向、関心の対象、関心の広がり）」を探る。そして、「人間として強い人間」の基礎としての能力の論理的分析による「指導の要訣（コツ）」を考え、授業推進者の子どもと「気になること」を検討し、決定する。次に、「子どもによる授業」において、発話する子どもや聞き手の子どもの表情動作・姿や発話の間、発話の内容・意味・意図、全体の思考の文脈などを照応し、感得・視解・聴解・分析・解釈を通して、見取る作業を行う。そして、発話を構造的に板書する学習指導につなげる。結果、発話の可視化（板書）を手がかりとして、子どもが授業推進者の「独自学習」の不備・不十分・不確かなことを文章に書く（明らかにする）ことができるようにする。

　つまり、「自律的学習」観に立つ授業における学習指導を可能とするには、子どもを見取る力が重要となるのである。

第2節 ｜ ゼミ生が子どもを見取る力を身に付ける

　「自律的学習」観に立つ、ゼミ生が子どもを見取る力を身に付けるプロジェクト的な取組についてである。まず、研究授業に参加し、ありのままの姿を記述する作業（「独自学習」）を行う。次に、ある瞬間の視解・聴解・感得を通して分析・解釈にたどり着く作業や分析・解釈を検討する作業、ディスカッション（「相互学習」）を行う。そして、「相互学習」を通して得ることができた、自分の、子どもを見取る作業における不備・不十分・不確かなことについて、再度、視解・聴解・感得を通して分析・解釈にたどり着く作業を行い、「見取り」の精緻化を目指す（「独自学習」）。

1．ゼミ生が行った子どもを見取る作業

（1）PHASE①　筆者撮影による授業動画を活用した、子どもを見取る作業

　筆者は授業の撮影に際し、筆者自身が、子どもの表情動作・姿や発話の間、発話の内容・意味・意図、全体の思考の文脈などを照応し、感得・視解・聴解・分析・解釈にたどり着くことを目標としている。そこで、授業開始時に、授業のなかで「生きづらさ」を抱えている子ども、「生きづらさ」に抗うことなく生きようとしている子ども、自身の「生きやすさ」を求めて生きようと真剣な生活を行っている子どもなどを感得し、その子を追いかけるように撮影をする。そして、ある瞬間の「この子はおもしろいな、すごいな」と感嘆させられる様子や場面、「おや、この子はなぜそのようなことをするのだろう」と考えさせられる様子や場面など、子どもが力をもっていることに眼を開かされる様子や場面に対する、筆者自身の感得を大切にして撮影している。

　以下に示す事例は、千葉県Y市立M小学校1年生活科「シャボン玉で遊ぼう」（苫木彩華教諭）を撮影した録画を活用した取組である。

　人形を入れ、しゃぼん玉のなかに人が入れるかを試す子どもたち。フラフープを持ち上げようとすると、引っ張られはじめたシャボン液が元の状態に戻ろうとする抵抗が思った以上に強いことを体感する。さらに、膝の高さを超えると割れてしまうことを、何度も経験する。そして、「ゆっくりしないと割れちゃうよ」、「声を出すと割れるよ」、「速すぎる、ゆっくり」、「同じ高さにしないと」など、意思疎通を図る子どもたち。

　また、降ってくる雨粒で割れるかどうかを試す子どもたち、雨粒にあたっても割れないしゃぼん玉を作ること目指す子どもたち。そして、雨粒に負けずに校舎の3階まで達したしゃぼん玉に「頑張れ、頑張れ」と声をかける。「飛んでけ、飛んでけ、宇宙まで飛んでけ」と、即興歌を口ずさむ。この子どもの姿・言動・笑顔、またこの瞬間を、ゼミ生はどう感得・視解・聴解したのだろう。なぜ即興歌を口ずさんだのだろう。ゼミ生とディスカッションを行った。

（2）PHASE②　現地観察を通した、子どもを見取る作業

　授業録画の視聴では、教室の雰囲気、子どもの活動（願いの実現）に向けての息遣い、関心を向ける眼や視線やつぶやき、生きづらさに抗う姿やつぶやき、

近くにいる子どもと遠くにいる子どもの関係、環境と関わる行動やつぶやきなどを得るには限界があるとわかった。

そこで、ゼミ生Tら3名は、横浜市立O小学校研究発表会（令和3年11月）に自主的に参加した。そして、実践場面の現地観察を通して、子どもの、ある瞬間の感得・視解・聴解を通して分析・解釈にたどり着く作業に取り組んだ。

さらに、ゼミ生Tら4名と筆者は、東京学芸大学附属小金井小学校1年生活科「かぞく　ニコニコだいさくせん（富山正人教諭）」（同年12月）を参観した。ゼミ生Tは、自主的に、授業における子どものありのままの姿を記述することに取組んだ。以下は、ゼミ生Tが、スライドにまとめた「本時の子どもの姿」における記述である。

①ゼミ生Tの抽出児と見取る作業の視点についての記述

ゼミ生Tは、富山のとらえ「（お手伝いについて）お金をもらえることやワークシートを書くことが、お手伝いをする動機になっているのではないか（学習指導案）」に着目した。そして、授業開始から頬杖をついて座っていたR児に注目し、R児を抽出児と定めた。さらに、R児を見取る作業の視点として、「R児はどのような思いを出発点として、今どのような思いで授業に参加しているのだろうか」、「対話を通して、どのような気付きの変容が生じるのだろうか（表情・発言・挙手・行動）」と定めた。

②ゼミ生Tの授業におけるR児のありのままの姿についての記述

授業は、自分のお手伝いの様子を紹介することから始まった。授業半ば、富山は、Kさんの絵日記（お手伝い）を学習材とし、「Kさんの絵日記を見て、自分たちはお手伝いをしている時、どんなことを思ったり考えたりしていたかを振り返る」という活動を促した。子どもは、「喜んでくれるかなと思ってやっている」、「にこにこしてほしいな」、「感謝が欲しい」、「仕事で忙しいお母さんの仕事を減らしたい」、「食べてくれたらどんな顔をするか楽しみ」、「心を込めてやるぞ」、「にこにこ大作戦だからきっと笑ってくれる」など発話した。その後、富山は、それぞれの思いの関連づけを図ることを願い、「にこにこ大作戦は普段とは異なる笑顔を見れるか、考えを伝え合う」という活動を促した。子どもは、「（普段の笑顔と比較して）にこにこ大作戦だともっと喜んでくれる」、「に

こにこ大作戦だと毎日笑ってくれる」と発話した。

　その間、ゼミ生Tは、R児に眼を向け続け、R児のありのままの姿の記述することに専念した。そして、「頬杖・手いじり、手元のワークシートにはあまり目を向けていない」、「近くの友だちが発表している時には黒板の方に目を向けるが、発表する友だちはほとんど見ていない」、「友だちの発言に対する直接的なリアクションが一度も見られない」、「しかし、耳は傾けている印象があった」など、ゼミ生Tは、あえて何ももち込まず、ありのままの姿として記述した。

　③ゼミ生Tの授業におけるR児のありのままの姿の変化についての記述

　終了約3分前、R児は、D児の「家族が笑ってくれると自分も嬉しくなる」という発話を聞き、姿勢をかえ、前のめりに座り直し、挙手をした。ゼミ生Tは、R児のはじめての発言と授業終了約3分前に生じた変化を見逃さなかった。

　以下、授業終了約3分前からのゼミ生Tの記述である。

　D児の発話を受け、R児は「(つぶやき1) 家も気持ちよくなる」とつぶやいた。そして、D児の発話 (補説) を受け、R児は「(つぶやき2) 家も」と続けた。その、R児のつぶやきを耳にした友だちが「家も楽しくなる？」と問いかけた。R児は、その問いかけを受け、挙手をして「家も楽しくなる」と発話し、「先生、あと、家も。気持ちよくなる」と発話した。R児の発話の意図がつかめない富山は、「家？　家もって、どういうこと？」と尋ねた。R児は「家も。家もきれいになって嬉しい」と発話した。そして、この瞬間の、R児のとらえに近づこうとした富山は、「家」を取り入れ、あらたに「みんなのにこにこ大作戦」と、単元名を改善した。

　④ゼミ生Tの「R児の、この瞬間の感得・視解・聴解」

　ゼミ生Tと筆者は、R児の、この瞬間の感得・視解・聴解を協議した。そして、友だちの問いかけ (かかわり) をきっかけに、R児は、自分の話がありきたりでない、おもしろい話と感じることができたととらえた。さらに、友だちのかかわりから、R児の挙手・発話に弾みがついたと分析・解釈した。また、教師の構想していた授業の文脈には「家」は入ってはいなかったが、教師の、この瞬間の、R児のとらえに近づこうと尋ねた行為 (かかわり) によって、R

児自身にも「はじめて『家』に対する認識が生まれる瞬間となった」と分析・解釈した。

⑤ゼミ生Tの「R児の発話の意味・意義や考察」

ゼミ生Tは、R児の発話の意味・意義について、R児の体験をもとに、次のように整理した。トイレの汚れに気付いた時の衝撃。棒が付いたたわしでゴシゴシ磨いた時の苦労。トイレ掃除をしてピカピカになった時の喜び。家族の笑顔と「ありがとう」と言われる喜び。「助かった」の一言から生まれる次への意欲。「きっと喜んでくれる、(家族)みんな喜んでくれた」という予測と結果の一致。「もう一人でやり方全部わかるもん」という自信。

また、R児の発話について、次のような考察をした。第1点は、「個々の直接経験が異なれば、気付きの質やその高まりの過程には個人差がある」。第2点は、「R児とほかの児童は異なる気付きをした。(それは)他の児童とは違う良さである」とし、「R児にとって、1年1組は安心して自己を発揮できる環境だったのではないか」という考察である。

さらに、「何がR児に手を挙げさせたのか」という問いに対し、「R児のトイレ掃除の体験が想起されて発せられた言葉(個別の経験)」は、友だちの意見を聞く・板書を見るなどによって、「嬉しくなるのはトイレも(家も)同じかもしれないな」と、自分の気付きを伝える行動となったという結論にたどり着いた。そして、それは、「気付きの自覚化・表出化」であったとまとめた。

2．ほかのゼミ生が行った子どもを見取る作業

その後も、実践場面の現地観察によるプロジェクト的な取組を続けた。ゼミ生Tに影響され、ほかのゼミ生も子ども見取る作業をまとめるようになった。

（1）ゼミ生Yが行った子どもを見取る作業

ゼミ生Yは、長野県N村立N小学校2年算数「100より大きな数」の実践場面の現地観察によるプロジェクト的な取組を通して、授業における子どものありのままの姿を記述することに取組んだ。以下は、ゼミ生Yが行った子どもを見取る作業である。

教師は、めあて「『100より大きな数』」について、10が10個で100を使って、

いくつか考えよう」と提示した。そして、「今日は、10の束（教具）しか使えません」と、条件を補説した。子どもは、教師が示した条件と自分が持っている教具を照応し、「10の束（教具）は、一人10個しかもっていない」と、作業が困難であることをつぶやいた。そこで、互いに教具を出し合って、グループで協力して考えることを見つけた。

　ゼミ生Yの、授業中盤の記述である。ゼミ生Yは、「話し合いに入れていない（？）子ども」とタイトルをつけ、協働作業中に関係ないことを始める子どもに注意を向け、ありのままの姿を追いかけた。そして、「参加しないと見なされたのか、自分の机を荷物置き場にされてしまう」、「自分が遊んでいた輪ゴムを見せるが完全無視された」と、ありのままの姿として記述した。さらに、この子は、このことから、「自分勝手な行動をしても振り向いてもらえない」ということを学んだと記述した。ゼミ生Yは、「話し合いに入れていない（？）子ども」と「？」を付記したことについて、この子は「入れない」子ととらえるのではなく、関心を向ける対象が異なるだけであるという思いを込めたと説明した。そして、この子の向ける関心の対象は、数えカードを輪ゴムでいかにきちんと束ねることができるかということであったと分析・解釈したことを話した。

　このことは、ゼミ生Tが、「個々の直接経験が異なれば、気付きの質やその高まりの過程には個人差があ」り、「R児と他の児童は異なる気付きをした、（それは）他の児童とは違う良さである」という考察したことに通じる。つまり、個々の注意を向ける対象が異なれば、取組や気付きの質やその高まりの過程には個人差があるといえる。そして、この子の他の児童とは違う良さであると考えることができる。

（2）ゼミ生Mが行った子どもを見取る作業

　①ゼミ生Mが行った子どもによる授業進行と子どもの学びについての記述

　ゼミ生Mは、奈良女子大学附属小学校6年「けいこ（国語）」の「大切な人と深くつながるために」の実践場面の現地観察によるプロジェクト的な取組を通して、子どもによる授業進行と子どもの学びについて見取る作業に取組んだ。　以下は、ゼミ生Mが行った子どもを見取る作業である。

まず、ゼミ生Mの授業導入時の様子の記述である。目標は、自分なりのめあてを設定して音読をし，鴻上（作者）の主張について話し合いをしようということである。独自学習の成果を踏まえた聞き合い（「相互学習」）では、司会（学習係の子ども）によって授業進行が行われる。司会は、本時の開始と「先生の話」を告げる。教師は、「話し合いをして、鴻上さんの主張について聞き合いながら考えていきたいと思います」と発話した。子どもは、自分なりのめあてをノートに書いた。

　ゼミ生Mは、A児が書いた、めあて「前回のことをもとに鴻上さんの主張について聞き合いをしながら、皆で考えていきたい」に着目した。そして、そのめあてには、教師の発言が影響していることがわかると記述した。そこから、子ども一人ひとりが自身の学習を深めていくことをねらいとして、自分なりのめあてを設定するようにしているのであれば、教師は、「何が自分は一番聞き合いをしたいのかなと考えながら、めあてを考えてみてください」と、子どもが "自分の学習" について考えることのできる（子ども一人ひとりの違いを引き出す）声かけをする必要があるのではないかと論じた。

　次に、ゼミ生Mの聞き合いの様子の記述である。独自学習の成果をもとに、子どもは意見交換を行った。そして、ゼミ生Mは、本文中の「コミュニケーションが上達するとあなたにとって大切な人ができる」という場面に着目した。その場面では、C児が「自分は逆だと思う」と述べたことをきっかけに、「"ちゃんと""深く"コミュニケーションをとるとはどういうことか」ということに論点が絞られた話し合いが展開した。以上のことから、ゼミ生Mは、子ども主体、子どもによる授業進行と聞くと、知識の系統立った習得や論点の絞り込みができないのではないかと心配されることが多いが、この授業を通して、子ども自身で論点の絞り込みや論点に沿った話し合いができるということがわかったと、子どもによる授業進行と子どもの学びについて論じた。

　さらに、ゼミ生Mのふり返りの様子の記述である。教師は、「皆の話を聞きながら考えていたんだけど、難しいなって思いました」と発話した。ゼミ生Mは、子どもによる授業進行という授業の現地観察を通して、次のような考えを論じた。「国語は算数などと違い、人それぞれの感じ方があるため、人物の心

情などについて考える際、決まった答えが出てくるわけではない。授業の最後には、子どもの話をまとめて一つの答えを出さなくてはと考える人もいる。しかし、私は、無理やり答えを見つけ出す必要はないのだと感じた」。

②ゼミ生Mが着目したＴ児

ゼミ生Mは、Ｔ児に着目した。Ｔ児は、ねらいを設定する途中で書くのをやめ、それ以降、ほかの子どもの発表に顔を向けることなく、ボールペンの分解をしていた。ゼミ生Mは、この姿について、次のように記述した。「これは、Ｔ児が授業の内容を理解できていない、何も考えていない、やる気がないということではない。Ｔ児の独自学習を見ると、自身の経験と結びつけながら鴻上さんの意見に対する考えを書いていた」。そして、ゼミ生Mは、「このように、一部分を切り取ってみると『何もしていない』ように見える子どもではあるが、自分なりの考えをもって授業に参加していることがわかる。ここから、独自学習は子どもの内面、思考の過程を見ることができるのだと感じた」と論じた。

ここにも、ゼミ生Ｔの「Ｒ児と児童は異なる気付きをした、（それは）ほかの児童とは違う良さである」という考察が伝播しているといえる。つまり、この子の、本来の生きようする姿を感得することができる時、私たち教師は、この子だけの良さを見出すことができるという結論である。

 第3節 | 子どもを見取る作業の成果：「見取り」の精緻化に近づく

ゼミ生Ｔは、子どもを見取る作業を通して、「見取り」の精緻化に近づくことができるようになった。以下は、ゼミ生Ｔの、長野県Ｎ村立Ｎこども園での実践場面の現地観察によるプロジェクト的な取組における「見取り」の記述である。ゼミ生Ｔが着目したのは、鬼ごっこをしたいＳ児（5歳）である。Ｓ児は、鬼ごっこをする仲間を誘うものの、ほかの子どもはリレー遊びに興じ、応じてもらえない。それでも、Ｓ児は懇願を続ける。この強さは、どこから生まれるのか。

ゼミ生ＴのＳ児についてのスライドの小タイトルは、「素直な思いは言葉にして伝えたいＳ児」から始まり、「やりたいを叶えていくＨ児」、「互いの言葉

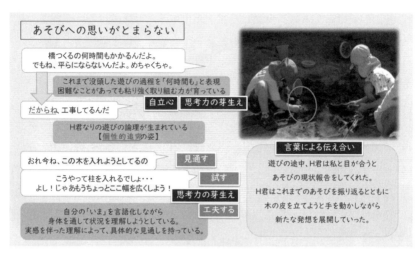

図17-1　あそびへの思いがとまらない

で創り上げていくあそび」、「あそびへの思いがとまらない」と続いた。そのタイトルには、自分に正直に生きようとして、自分の思いに対峙し、自分を見つめて、この瞬間、本来の生きようする姿を実現しよとしているのだと気付かされたことが表されていた。

　①「あそびへの思いがとまらない」というスライドに見る、H児の「見取り」

　H児の「見取り」の第1である。H児は、ゼミ生Tに心を開き、コミットメントを求めてきた。ゼミ生Tは、「遊びの途中、H君は私と目が合うと、遊びの現状報告をしてくれた。H児はこれまでの遊びを振り返るととともに木の皮を立てようと手を動かしながら新たな発想を展開していった」と、感得・視解・聴解した。そして、ゼミ生Tは、H児の言葉による伝え合いに向けた成長・発達の姿を見取ったのである。

　H児は、「橋をつくるの何時間もかかるんだよ。でもね、平らにならないんだよ。めちゃくちゃ」と、自分の心情・問題発見を発話した。ゼミ生Tは、「これまで没頭した遊びの過程を『何時間も』と表現。困難なことがあっても粘り強く取り組む力が育っている」と、感得・視解・聴解・分析・解釈した。

そして、ゼミ生Tは、H児の自立心・思考力の芽生えに向けた成長・発達の姿を見取ったのである。

　第3である。H児は、「だからね、工事してるんだ」と、自分の行為の説明を発話した。ゼミ生Tは、「H児なりの遊びの論理が生まれている」と、感得・視解・聴解・分析・解釈した。そして、ゼミ生Tは、H児の個性的追究に向けた成長・発達の姿を見取ったのである。

　第4である。H児は、「おれね今、この木を入れようとしてるの」と、自分の見通す行為について発話した。そして、「こうやって、柱を入れるでしょ……」と、自分の試す行為について発話した。さらに、「よし！じゃあもうちょっとここ幅を広くしよう」と、自分の工夫する行為について発話した。ゼミ生Tは、「自分の『今』を言語化しながら身体を通して状況を理解しようとしている。実感を伴った理解によって、具体的な見通しをもっている」と、感得・視解・聴解・分析・解釈した。そして、ゼミ生Tは、H児の言葉による思考力の芽生えに向けた成長・発達の姿を見取ったのである。

✿ 第4節 ｜ ま と め

　「自律的学習」観に立ち、ゼミ生が子どもを見取る力を身に付けるプロジェクト的な取組を通して見取る作業を行い、子どもを見取る力を身に付けることを目指した。

　以下、ゼミ生の子どもを見取る作業から考える「見取り」の意義である。

　第1点、見取る作業として、ありのままの姿を記述し、子どもの、ある瞬間の感得・視解・聴解し、分析・解釈にたどり着く。そして、そこから、この子の、本来の生きようする姿を見取る時、この子だけの良さを見出すことができる。そこに、「見取り」の意義がある。

　第2点、子どもを見る作業の経験を積むことを通して、子どもに感嘆させられる様子や場面、子どもに考えさせられる様子や場面など、子どもが力をもっていることに眼を開かされる様子や場面について学ぶところに「見取り」の意義がある。

第3点、子どもを見取る作業は、最終的には、人として生きる、教師としての自分を見つめることとなり、そのような自分を表現することとなっていかなければならないと考える。また、人として生きる、教師としての自分を見つめ、そのような自分を表現することを通して、子どもを見取る作業となっていかなければならないと考える。そして、子どもと教師に、共存の感情が芽生え、木下の「師弟相互の人格的交渉」の実現を目指すところに「見取り」の意義があると考える。

（小幡　肇）

【引用文献】

木下竹次（1923）．学習原論　目黒書店
木下竹次（1972）．学習原論　中村光（編）世界教育学選集64　明治図書出版

📖 読者のための図書案内

＊木下竹次（1923）．学習原論　目黒書店：『学習原論』は、1923年に木下竹次が、「学習の目的、学習の性質、環境の整理、学習の材料、学習指導の教師、学習の基礎、学習の形式、学習の順序、学級の編成、時間割の編成、学習指導案、学習の実際、学習の効果と進歩の段階」について記した書である。この書に続き『学習各論　上・下』もある。自序に、「学習一元でこれを一貫している。学習は学習者が生活から出発して生活によって生活の向上を図るものである。学習は自己の発展それ自身を目的とする」と述べ、教師の間接指導と環境の整備により、自ら問題を構成し、解決を図り、創作する自発的学習態度の涵養を目指す研究的生活（学習）を説いている。

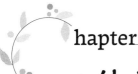

幼小接続カリキュラム研究の視点

　今日の教育が目指すべき変革の方向性を示すキーワードは「学びをつなぐ」である。これは、文教大学教育学部発達教育課程が掲げる中核的な理念でもある。これを実現するために必要とされる幼小連携・接続に関する議論は、近年の教育改革によって活発化しているが、伝統的な教育学の系譜にも位置づけられる古くて新しいテーマである。その研究を「小1プロブレム対策」という狭い視野に閉じ込めず、「子どもの経験」という本質に立ち返って、「幼小接続カリキュラム研究」として蓄積していく必要がある。本章では、そのために求められる視点をカリキュラム研究の立場から検討する。

 第1節 ｜ は じ め に

　近年の教育改革の重要なテーマの一つに幼児教育と小学校教育の連携と接続がある。これを本章では「幼小連携・接続」と略記するが、この場合の「幼」は幼稚園だけでなく、保育所や幼保連携型認定こども園等を含む幼児教育施設における教育全般を指す。また、「連携」とは、幼児教育施設と小学校双方の教師（保育者を含む。以下、特に言葉を使い分けないかぎり同じ）が情報交換のために連絡を取りあったり、相談しあったり、人的に交流したりする営みを指す。「接続」とは、連携を前提としつつ、双方の教育内容や方法を見直して改善することによって、幼児教育と小学校教育における子どもたちの「学び」を連続したものとして「つなぐ」営みを指す。本章では、幼・小の連携を前提としつつ、子どもたちの「学びをつなぐ」ことを実現するために必要なカリキュラムの接続に焦点を当てる。「学びをつなぐ」というキーワードには今日の教育が目指すべき変革の方向性が示されている。2020年4月に文教大学教育学部に誕生した「発達教育課程」も、発達の連続性と多様性を理解し「学びをつなぐ」

ことのできる教員を養成することを目的としている。この課題にアプローチするために必要なカリキュラム研究の視点を提示することが本章の目的である。

　詳しくは後述するが、わが国の教育改革において幼小連携・接続が実践上の課題として論じられるようになったのは、1989年の「生活科」創設と保育内容再編からである。この時から2017年の指導要領等の改訂で「学校段階間の接続」が明示されるまでの約30年間を「平成の教育改革」期と呼ぶことができる。この間、教育関係者の議論の中心は、各学校の実践において「教え」から「学び」への転換を促すことにあった。こうした動きの背景には、20世紀初頭に台頭した「子ども中心」の教育学と1970年代から国際社会に広がった生涯学習の理念の影響がある。教師による「教え」から子ども主体の「学び」への転換を図ることで生涯学習社会の実現を目指すという文脈から「学校段階間の接続」をとらえると、単なる異校種間の連携でなく、まさに「学びをつなぐ」ためのカリキュラムの接続が求められていることが理解できる。そのなかでも、幼小連携・接続は生涯学習の土台を培うものであり、きわめて重要な位置を占める。

　こうした学問的系譜を継承し発展してきた現代のカリキュラム研究の視点によって、幼小連携・接続というテーマにどのように切り込むことができるのか。それを展望することが筆者の意図するところである。

 第2節 ｜ 幼小連携・接続に関する議論の展開

　わが国の教育改革において幼小連携・接続が具体的な実践課題として論じられるようになったのは、1989年の小学校学習指導要領および幼稚園教育要領の改訂以降である。この改訂によって、小学校低学年に「生活科」が創設され、従来は「健康」「社会」「自然」「言語」「音楽リズム」「絵画制作」の6領域からなっていた幼稚園の保育内容が「健康」「人間関係」「環境」「言葉」「表現」の5領域に再編された。翌年には保育所保育指針にも幼稚園と同様の5領域の記述がなされ、保育内容のねらいは幼児教育施設の種別にかかわらず同一とされた。幼児期に5領域を通して育まれた資質や能力を土台として、小学校低学年では生活科を中心に「具体的な活動や体験を通して自分と身近な社会とのか

かわりに関心をもち、自分自身や自分の生活について考えさせる」ことや「その過程において生活上必要な習慣や技能を身に付けさせ、自律への基礎を養う」（教育課程審議会，1987）ことが目指されることになった。

　これ以前にも、幼児から小学校低学年までの一貫教育が提唱されたことはあった（中央教育審議会，1971など）。また、低学年の教科の総合化など、低学年の発達特性をふまえた教育改革の提案もなされてきた（臨時教育審議会，1986など）。これらの議論は理念レベルにとどまっていたとはいえ、幼児期から小学校低学年までを共通の発達特性をもつ時期ととらえ、教育に一貫性や連続性をもたせることで幼・小の双方を改善することを主張していた。こうした議論を背景に、1989年に改訂された指導要領と教育要領では生活科の創設と保育内容の再編が行われた。これにより、幼児教育と小学校教育をつなぐための連携とカリキュラムの接続を具体化することが実践レベルの課題となった。

　ところが2000年前後に「小1プロブレム」が社会問題となり始めた。そのきっかけは、当時の新聞が小学校入学後の一部の児童の行動を「甘え」や「自制心がない」などの見出しをつけて報じたことであった。小1プロブレムを高学年の学級崩壊の前兆であるかのようにとらえる風潮が社会全体に広がった。一方、この頃すでに生活科は一定の成果をあげていたため、生活科の授業で児童が幼児と交流する様子や、一部の小学校と幼稚園や保育所との間で連携が進んでいることも人々の注目を集めた。その結果、「小1プロブレム対策」という側面から幼・小が連携することの重要性が広く認知されることとなった。しかし、この問題が過剰に強調されたことで、長年の議論を経て歴史的に形成されてきた幼小連携・接続の理念、すなわち、幼児期から小学校低学年までの発達特性をふまえて教育内容や方法を改善するという理念に正対せず、目先の問題解決のみに拘泥した取り組みが増加したことは否定できない。これ以降、一部の教育委員会を中心に、幼児（年長児）を小学校の規律に慣らし入学後の適応を早期に図る手段として「幼小連携」を推進する動きが目立つようになった。

　こうしたなかで、2005年に中央教育審議会は「発達や学びの連続性」を保障する観点から幼・小の連携・接続を図ることの重要性を改めて強調した。とりわけ「幼児どうしが、教師の援助の下で、共通の目的・挑戦的な課題など、一

つの目標を作り出し、協力工夫して解決していく活動」が「協同的な学び」と位置づけられ、その取り組みが推奨された。同年に国立教育政策研究所から出版された『幼児期から児童期への教育』(2005) においても、幼児期の終わりは「一緒に物事にかかわり活動する中で幼児同士の人間関係が深まり、互いに学び合い、大きな目標に向かって協力していくことが可能となる時期」と述べられ、そこに「小学校以降の生活や学習における芽生えが含まれている」と強調された。ここには、幼児教育においては遊びや活動を通して協同性を育んでいくことが重要であり、そのことが小学校での学級を中心とする各教科の授業の基盤になるという考えが明確に示されていた。

　幼児期の終わりは、家族や友だち関係からなる小さな社会のなかでみずからが生活していることに気づき始める時期である。友だちと目標を共有して、相談したり、互いの考えに折り合いをつけたりしながら、クラスやグループのみんなで何かをやり遂げる「協同的な学び」が成立してくる。そうした豊かな遊びや活動を通して、言語能力や思考力なども高まり、身近な人やものへの興味や関心も育つ。こうした時期は小学校低学年まで続く。小学校入学後は生活科を中心に合科的に学ぶなかで協同性を発揮することにより、幼児期に育まれたものが総合的に高められ、学級や授業のなかで自己を発揮したり抑制したりする意識的な調整力が育ってくる。これが各教科の学びの基盤となる。このように「協同的な学び」に着目して幼児期から小学校低学年にかけての発達をとらえると、この時期の子どもたちに特徴的な学びの様相が浮かび上がってくる。それは、自己決定が尊重される環境のなかで自発的に「ひと・もの・こと」とのかかわりを深め、少しずつ「遊びを通しての学び」から「自覚的な学び」への移行を遂げていく姿である。この移行を促すために幼・小の連携とカリキュラムの接続が必要であると整理されたわけである。

　これをふまえて2008年に改訂された小学校学習指導要領では「第1学年入学当初のカリキュラムをスタートカリキュラムとして改善する」ことが提案された。さらに2017年には、小学校学習指導要領と幼稚園教育要領がともに「社会に開かれた教育課程」の実現を目指して改訂された。これは「よりよい学校教育を通じてよりよい社会を創る」という目標を学校と社会が共有し、各学校の

教育課程を通じて育成を目指す資質・能力を明確化して、社会との連携・協働によりその実現を図っていくという趣旨である。そのため、小学校では教科等の学びを教室内にとどめず、実際の社会事象と結びつけて教科横断的な課題を粘り強く探究することのできる資質や能力を育成することが求められている。これを実現するためにカリキュラム・マネジメントの充実が欠かせない。それにとどまらず、この改訂では「学校段階間の接続」も重視されている。幼・小の接続に関しては、子どもたちが社会につながることのできる資質や能力を育むため、幼児教育を通して培われた資質や能力を小学校で十分に発揮できるようにすることが重要である。幼児期の育ちや学びを生かしながら、小学校低学年で生活科を中心に各教科で身近な「ひと・もの・こと」とつながることのできる体験を積み重ねることにより、豊かな自他関係の感覚や「学校で学ぶこと」に対する肯定的なイメージを形成することができる。このことが、その後の教科等の学びの基盤になる。この意味で、幼小連携・接続を推進することが「社会に開かれた教育課程」を実現するための鍵になると考えられる。

　しかし現実には、多くの小学校の教師にとって幼児教育のなかで保育者が個々の子どもの姿から丁寧にとらえてきた資質や能力を意識するための手がかりが乏しく、それをイメージすることが難しい。そのため、入学当初の子どもたちを「何も知らない、できない」存在と見がちである。一方、幼児教育では、保育者は常に注意深く個々の子どもを観察・記録し、一人ひとりに応じたかかわりを重ねているものの、その子どもたちが小学校でどのように自己を発揮していくのかを見通すことが難しい。そのため、ほとんどの保育者は、幼児教育を通しての子どもの育ちや学びを小学校に伝えられない葛藤を抱えている。

　こうした状況を改善するためには、幼・小の人的交流や相互理解を深めるための連携が必要である。これを前提として、双方が互いの視点から学びあい、自校や園の教育実践を見直す段階にステップアップすることで接続が可能になる。その際、2017年改訂の幼稚園教育要領等に示された「幼児期の終わりまでに育ってほしい姿」は、小学校の教師には幼児期の終わりまでに子どもたちに育まれた資質や能力をとらえる手がかりを提供している。保育者はこれを使うことでみずからがとらえてきた幼児の姿を小学校に伝えやすくなる。幼小連

携・接続を進めるなかで双方の教師が共通の子ども理解に立ち、子どもをとらえる視点を共有するためにこれを活用することができるだろう。

　2022年3月、中教審の「幼児教育と小学校教育の架け橋特別委員会」が審議経過報告を発表した。この報告書では、「遊びを通して学ぶという幼児期の特性」が「普遍的に重視すべき視点」とされた。0歳から18歳までの学びの連続性に配慮して「持続可能な社会の創り手」を育成することが求められている現代において、小学校以上の教育でも「学習環境のデザイン」が重要であると指摘された。その一方で、これまでの幼小接続では「小学校側の取組が、教育方法の改善に踏み込まず学校探検にとどまるケースが多い」と述べられ、幼児期の「遊びや生活のなかでの気づきから探究へのプロセス」を小学校での学びに連続させる観点から、小学校教育の質を向上させることが課題であると論じられた。こうした課題に対して自治体がリーダーシップを発揮して取り組みを進めることや、国の枠組みのもとで「架け橋期のカリキュラム」を開発しその結果を検証することなどが提案された。幼児教育の最後の1年と小学校教育の最初の1年を「架け橋期」と括ることには議論の余地があるが、幼小接続を、幼児教育修了時と小学校入学時の短期的な接続ではなく、幼児期の「遊び」と小学校以上の「探究」をつなぐプロセスととらえている点に意義がある。

　つまるところ、幼児教育とのつながりを意識することで、小学校で子どもたちが知識・技能の習得にとどまらず探究的に学ぶことを促進し、「持続可能な社会の創り手」を育成することが課題である。幼児教育や保育の充実は政策論争のテーマになりやすい。しかし、社会の変化に応じて求められる学びの実現に向けて小学校教育を変革できるかということも同時に問われているのである。

第3節 ｜ 幼小接続カリキュラム研究のアプローチ

1．カリキュラムの定義と研究の視点

　カリキュラムの語源はラテン語の「クレレ」(currere) であり、古代ローマで行われていた戦車レースの「走路」を意味していた。これが拡張され、カリキュラムは「人生の来歴」をも意味するようになった。現在でも英語で

curriculum vitaeといえば「履歴書」のことである。20世紀初頭の米国で進歩主義教育運動の中心人物であったデューイ（Dewey, J.）は、「子どもの経験」こそがカリキュラムの本質的要素であると主張し、この思想をもとにシカゴ大学附属小学校で実験的な教育を試みた。その後、ボビット（Bobitt, F.）がカリキュラムの定義を「人が経験するすべてのこと」に拡張し、学校で学ばれている内容はその一部を占めるにすぎないという見方を示した。このように、歴史上、カリキュラムの定義は多様になされてきた。

　現代の研究は以下の4層を含む概念としてカリキュラムを用いている。

①国が定める教育課程の基準である「学習指導要領」（幼稚園教育要領を含む）

②教育委員会や各学校（幼児教育施設を含む）が作成する「教育課程」や「指導計画」等

③教師が構想し展開する具体的な「教育実践」

④子ども一人ひとりが「実際に経験し学んでいること」

　近年の教育学では、先述した米国のカリキュラム研究の伝統が再評価されつつあり、カリキュラムのもっとも本質的な要素を「子どもの経験」（上記の④に該当）とみる論が強くなっている。現代のカリキュラム研究は「国の基準に基づき地方や学校レベルで作成される教育計画が、教師による実践を経て、どのように子どもたちに経験されるか」を問うスタンスをもつ。これがカリキュラム研究の固有の視点である。これを裏返すと、カリキュラム研究は「子どもの経験」に視点をおくことで、国の基準、地方や学校レベルの教育計画、さらには教師の具体的な実践のあり方を問い直し、実践者の省察と議論を触発して、そこからなんらかの改善策を導き出すことを志向する領域であるということができる。

2．幼・小の「カリキュラム・アーティキュレーション」という視点

　幼小連携・接続には「連携」と「接続」という2つの側面がある。文部科学省の調査（2016）によると、交流や情報交換を主とする「連携」はすでに多くの幼・小間で実施されている。今日の教育改革の文脈から求められるのはカリキュラムの「接続」である。2017年の指導要領・教育要領改訂後はその取り組

みも広がりつつある。しかし、幼児教育側の「アプローチカリキュラム」と小学校側の「スタートカリキュラム」が別々に作成されていても「接続カリキュラム」と呼ばれている実態が少なからず存在する。幼・小双方が「指導計画」上で接続に対する配慮や工夫を施しても、それだけでカリキュラムの接続が実現していると言い切ることはできない。デューイがカリキュラムの本質的要素と見なした「子どもの経験」レベルで接続をとらえる視点が担保されなければならない。

　従来、カリキュラム研究において接続の問題は「カリキュラム・アーティキュレーション」（curriculum articulation）という概念で論じられてきた。清水（1987）によると、アーティキュレーションには「接合」と「分節化」という2つの意味があるという。あるものとあるものを「つなぐ」と同時に「区切る」という両側面、すなわち連続と不連続の両面がある。歴史上、近代学校の普及とともに幼・小間に制度上の「区切り」が引かれたが、このことが逆説的に、子どもの経験を「つなぐ」ことへの潜在的なニーズを生じさせた。デューイは『学校と社会』のなかで次のように述べている。

> 幼稚園と小学校の上に描かれた線は、両者に一定の相互関係があることを示している。というのも、これまでの小学校は、子どもが生活のなかで自然に抱く興味とは本質的に無関係な場であったため、幼稚園とは切り離されていたのである。そのため、現在では、幼稚園の手法をいかに小学校に取り入れるかが問題となっている、それがいわゆる連結学級（connecting class）の問題である。この連結を難しくしているのは、幼稚園と小学校がはじめから一つのものではないという事実である。両者を結びつけるために、教師は、正門ではなくわざわざ壁を乗り越えなければならないような、困難な道を進まなければならなかったのである。（Dewey, 1899 北田・黒田訳 2019）

デューイが指摘しているのは、子どもの興味に根ざして営まれる幼児教育が小学校とは制度的に区切られているために生じる教育方法上の困難性である。ただし、「幼小一貫校」のような制度を創設することを主張しているのではない。彼は、本来、制度的な区分とは無関係に「子どもの経験」が「連続」している事実から出発することであらたな初等教育の原理を導き出そうとした。こ

の思想が前述したカリキュラムの定義をもたらした。

　デューイに起源をもつ「カリキュラム・アーティキュレーション」論を参照すると、現代日本において幼小接続カリキュラム研究を進めるために必要な視点を以下のように整理することができる。

（1）「子どもの経験」をとらえる事例研究の視点

　まず、子どもが身近な環境（ひと・もの・こと）とかかわりを重ねるなかで、それによって得られる雑多な感覚や認識を連続した経験として秩序づけるものは何かという視点である。デューイによれば幼児期のそれは興味であり、彼の努力は、初等教育において子どもの興味を中心に据えたカリキュラムの原理を導き出すことに注がれた。しかしわれわれは、100年前よりもはるかに豊かな発達研究の成果を手にしている。それによると、子どもが言葉を習得していく過程で身近な人との親密なかかわりや環境との相互作用が複雑な影響を与え、それに連動して思考力や社会性の発達も促され、少しずつ自我が芽生えていくという。しかし、こうした複雑な過程を既成の概念や理論にあてはめて「子どもの経験」を抽象的に説明してもカリキュラムの接続には役立たない。むしろ、発達研究の理論や概念を手がかりに、具体的な教育実践にそくして、個々の子どもの移ろいやすい興味が徐々に特定の対象に向けられ、しだいに持続性を帯びたものに変容していく過程を、身近な「ひと・もの・こと」とのかかわりに注目しながら詳細にとらえていく事例研究が求められる。これを通して、子どもの言語能力や思考力や社会性などの発達も観察されるだろう。こうした結果と照らし合わせることで、実践過程における教師の働きかけや環境構成の適切性などを問い直し再検討することができる。つまり、実践の意味を省察し改善策を模索する議論を喚起することができるだろう。そのためには、幼児期から小学校入学後までのまとまった期間、幼・小双方の教師が「子どもの経験」の観察記録を蓄積しその解釈を共有していく作業を柱として、幼・小間で組織的かつ継続的な共同研究を推進することが求められるだろう。

（2）子どもの発達上の特徴からカリキュラムの分節を図る視点

　次に、制度上の学校段階の区分とは別にカリキュラム上の分節をどのように図るかという視点がある。デューイの言うように、子どもの経験は連続してい

るとはいえ、発達上、一定の特徴が顕在的に現れる時期区分を想定しておく必要がある。子どもの発達上の特徴をどうとらえてカリキュラムの分節を図るかが研究上の大きな問題である。従来の議論では、幼小接続期を「幼児教育施設卒園時から小学校入学時までの前後数ヵ月間」と分節する考え方が示されている。幼・小それぞれが「アプローチカリキュラム」と「スタートカリキュラム」を作成することで接続を図ろうとする立場はこれに近い。一方で、最近の中教審が提唱するように「幼児教育最後の1年と小学校最初の1年を合わせた2年間」を「架け橋期」として括る発想もある。また、日本教育史の先行研究から、戦後初期の1950年代には幼稚園から小学校3年生までを「幼年期」と呼び、この時期にふさわしい教育方法を模索する動きがあったことも明らかになっている。このようにカリキュラムの分節にはさまざまな立場があるが、その根拠となる発達上の特徴の検討が不十分であることが多い。これを明らかにするためにも前述した事例研究の積み重ねが必要である。筆者は、幼児期における「遊びを通しての学び」と小学校における総合的な学習の時間を核とする「探究的な学び」に通底する特徴とその発達的様相を可視化することができれば、幼小接続カリキュラムを「幼児教育3年間と小学校教育6年間を合わせた9年間のカリキュラム」として開発することも可能だと考えている。

（3）幼小接続カリキュラムの縦軸としての「プロジェクト活動」の視点

　幼小接続カリキュラムを開発し実践する主体は現場の教師である。国や教育委員会には、幼・小の共同研究を組織化し継続・発展させるための条件整備が求められる。しかし、それだけでいいのか、開発を担う教師が習得するべき知識や技能があるのではないかという疑問が湧くのは当然である。筆者は、幼小接続を担う教師は「幼児期の遊びから小学校の総合的な学習の時間までを『プロジェクト活動』として展開するために必要な教育学の知識と実践的技能」を習得する必要があると考える。

　田中・橋本（2012）によれば、「プロジェクト活動」とは、現代日本ならば総合的な学習の時間などの「探究型学習」の中心に位置している活動である。その起源は古く、やはり20世紀初頭にデューイやキルパトリック（Kilpatrik, W. H.）らによって提唱され全米で実践されたものである。デューイの教育思想の中核

には問題解決過程の理論があることはよく知られている。わが国ではその本質が理解されず、「問題解決型学習」という類似する言葉が表面的に使われてきた。しかし、デューイにとって問題解決とは型ではなく、子どもたちがみずから見出した興味ある課題を協同的に探究するプロジェクト活動のなかで成立するものであった。そして彼は、そうした活動の原型を幼児が身近な環境と関わりながらみずからの生活をつくり上げていく過程に見出していた。子どもの興味や活動を重視する幼児教育の立場と小学校の授業を中心とする立場を結びつける媒介としてプロジェクト活動が位置づけられていたわけである。

　今日、小学校学習指導要領や幼稚園教育要領では、保育内容5領域と生活科や総合的な学習の時間とを接続する教育課程の構造化が図られている。幼・小を通じてプロジェクト活動を縦軸として教育活動をつなぐカリキュラムを構想することは可能である。その試みを重ねつつ、幼・小を通じて子どもの学びを可視化する事例研究を蓄積することで、「幼児教育3年間と小学校教育6年間を合わせた9年間のカリキュラム」の開発を実現することができると考えられる。

❀ 第4節 ｜ 今後の課題

　本章では、わが国における幼小連携・接続に関する議論を概観した上で、これを伝統的な教育学の系譜に位置づけてカリキュラム研究の視点から検討した。幼小連携・接続は「小1プロブレム」対策を目的とするものではない。このテーマを探究することは、子どもの学びの本質に迫ろうとする教育学の普遍的な学問的営為の一環であることが理解されたであろう。

　これからの社会の担い手を育成するために教育の変革が求められているなかで、大学の教員養成において、幼小連携・接続を「国語」「社会」などの教科と同等の専門領域として確立する必要がある。さらに、今後の研究の蓄積により、幼小接続カリキュラムを具体的事実として社会に提示していく必要があるだろう。

（浅野　信彦）

【引 用 文 献】

浅井幸子（2022）．「幼年教育」という思想　太田素子・小玉亮子・福元真由美・浅井幸子・大西公恵（編集・解説）幼小接続資料集成 別冊解説（pp.105-118）　不二出版

中央教育審議会（1971）．今後における学校教育の総合的な拡充整備のための基本的施策について（答申）

中央教育審議会（2005）．子どもを取り巻く環境の変化を踏まえた今後の幼児教育の在り方について（答申）

中央教育審議会初等中等教育分科会（2022）．幼児教育と小学校教育の架け橋特別委員会——審議経過報告

Dewey, J.　北田佳子・黒田友紀（訳）（2019）．学校と社会　上野正道（訳者代表）・藤井千春（改題）デューイ著作集6 教育1　東京大学出版会

国立教育政策研究所教育課程研究センター（2005）．幼児期から児童期への教育　ひかりのくに

教育課程審議会（1987）．幼稚園、小学校、中学校及び高等学校の教育課程の基準の改善について（答申）

岡本夏木（1982）．子どもとことば　岩波書店

清水一彦（1987）．教育におけるアーティキュレーションの概念と問題性　清泉女学院短期大学研究紀要, 5, 23-35.

田中智志・橋本美保（2012）．プロジェクト活動——知と生を結ぶ学び——　東京大学出版会

臨時教育審議会（1986）．教育改革に関する第二次答申

📖 **読者のための図書案内**

＊高櫻綾子（編著）（2019）．子どもが育つ遊びと学び——保幼小の連携・接続の指導計画から実践まで——朝倉書店：子どもにとっての小学校入学を卒園と入学という一時期の問題ではなく、0～12歳という発達のなかで生じる課題ととらえ、子ども自身がその移行を乗り越えるための力をどう身に付けるのかを論じている。

＊マーガレット・カー/ウェンディ・リー　大宮勇雄・塩崎美穂（訳）（2020）．学び手はいかにアイデンティティを構築していくか——保幼小におけるアセスメント実践「学びの物語」——　ひとなる書房：乳幼児期から小学校にかけて、学び手がアイデンティティを構築していく上で記録やアセスメントが果たす役割について、ニュージーランドでの「学びの物語」という実践をもとに論じている。

発達教育課程発足までの道程

1. 教育学部改組に向けた学内の議論

　2014年10月21日、文部科学省による「教職課程実地視察」が行われたことを
きっかけとして、発達教育課程の前身である心理教育課程内で、課程の将来構
想についての議論がわき起こった。その結果、2015年9月4日に、石川洋子心理
教育課程長（当時）より、柳田孝義教育学部長（当時）宛に、「心理教育課程再
編についての検討のお願い」が出された。

　1年半ほどの時を経て、2017年度より、出井雅彦学部長（当時）のもとで、
教育学部の改組について検討を進めることとなった。4月19日の第1回教育学
部教授会において、出井学部長より、教育学部将来構想委員会の設置と、委員
会へ提案するための検討案作りを行うワーキンググループ（WG）の立ち上げ
が提案され、了承された。WGの議論を経て、5月16日に第1回将来構想委員
会が開催された。委員会での議論をふまえ、9月27日の第6回教授会において、
改組についての4つの案が提示された。審議の結果、「特別支援教育専修を心
理教育課程に移行し、幼稚園教諭1種免許状に加えて小学校教諭1種免許状及
び特別支援学校教諭1種免許状の課程認定を申請する」案に決定した。また、
11月15日の第9回教授会において、心理教育課程の改組後の名称については、
「発達教育課程」とすることを決定した。さらに、11月29日の第13回教授会に
おいては、「教育学部改組の趣旨」を決定した。

　これらの改組案は、2017年12月6日の第8回大学審議会において、また、
2018年1月16日の第11回理事会において承認された。

　これらを受け、教育学部改組準備委員会が発足し、2018年4月25日に第1回
委員会が開催された。その後、2020年2月12日の2019年度第12回委員会まで、
改組の詳細について度重なる議論が重ねられた。筆者もその一員であったが、
ある回では、終了が夜10時近くになったこともあった。

2．文部科学省への設置届出および教職課程申請

　文部科学省へは、発達教育課程設置に関する届出と、教職課程認定のための申請が必要となる。それに向け、事務局の献身的な尽力のもと、膨大な書類が整えられた。

　設置に関する届出については、事前相談における指摘について対応を行い、2019年6月25日に届出書を提出した（その一部を資料として〇～〇ページに掲載する）。

　教職課程認定申請は、発達教育課程に、小学校教諭1種免許状、幼稚園教諭1種免許状および特別支援学校教諭1種免許状（知的障害者、肢体不自由者、病弱者）の課程を置くことを申請するものである。これについても、事前相談から何度かにわたる指摘に対する対応を行い、2019年11月22日付けで認定された。

3．コロナ禍の船出

　上記のプロセスを経て、2020年4月、発達教育課程は船出を迎えた。1期生は、入学式や上級生の新入生歓迎行事で華々しく大学生活のスタートを切るはずであった。

　ところが、3月頃から世界全体がコロナ禍に巻き込まれたことは周知の通りである。当然、大学も大きな影響を受けることなった。2019年度の卒業式とともに、2020年度の入学式も中止となった。それどころか、学生は大学への入構を認められず、2020年度春学期については、授業は全面的にオンラインで行われることとなった。秋学期は一部授業で対面授業が認められたものの、ほとんどがオンラインやオンデマンドで実施された。この年度に発達教育課程の1期生が大学に登校したのは、ある授業で対面を取り入れた、おそらく1回だけであったと思われる。

　2021年度は対面授業が増えたものの、課外活動はまだ制限が多かった。ほとんどの授業が対面となり、課外活動も本格的に再開されたのは、2022年度になってからであった。その意味で、1期生が本来の大学生活を送ることができたのは、3年生と4年生の2年間だけといっても過言ではない。

4．発達教育課程の未来

　発達教育課程は、2024年3月、第1期生を送り出すことで、いわゆる完成を迎える。しかし、そこからが本当のスタートであることは言うまでもない。

　本課程の社会的評価を決めるものは、まず何よりも卒業生の活躍であろう。多くの学生が教育・保育現場に就職すると思われるが、「乳幼児期から児童期・青年期に至るまでの発達の連続性と多様性を踏まえ、心身の連関と人間形成の基盤の育成を担う教育者」（学則第6条、発達教育課程の教育研究上の目的）として貢献できることが、本課程の社会的評価を左右することとなるのは間違いない。

　そのためには、専任教員をはじめとする教職員が、質の高い「教育学・保育学、心理学に関する知識と技能を基盤とする教育及び研究」（同）を行わなければならない。その成果として、教育者としての高い資質能力を身につけた卒業生を送り出すことが本課程の社会的評価につながるはずである。さらにその結果として、多くの志願者を集めて目的意識の明確な入学者を迎え入れることで、大学としての好循環を生み出すものと考えられる。

　発達教育課程卒業生の活躍に期待するとともに、教職員によるよりいっそう質の高い教育・研究の推進が求められている。

（会沢　信彦）

文教大学教育学部発達教育課程の設置の趣旨（抄）

　文教大学教育学部は、教育や保育に関わる専門的知識を持ち、教育や保育の様々な場面で子供を指導し支援できる教育力を持った教育者を養成してきた。しかし、社会情勢の変化により教育者に求められる資質能力は多様化してきている。今般、教育者として基礎となる資質能力に加えて、課程や専修に応じた専門分野を持ち現代の教育課題の解決に資する人材を養成することを目的として、学部に設置する学校教育課程（現行入学定員250名・収容定員1000名）の入学定員50名を心理教育課程（入学定員100名）に移して心理教育課程を改組し、発達教育課程（入学定員150名・収容定員600名）を設置する。

ア．幼児期から児童期・青年期にかけての多様な発達を支える教育者を育成する必要性

　文教大学教育学部は、1969年の設置以来、学部の教育研究上の目的を「本学の建学精神に則って、有為な教育者を育成すること」と定め、日本全国から学生を受け入れ、目的に沿って教育者の育成に努めてきた。

　本学部は日本で初めての私立大学による教員養成学部として設置され、当初は初等教育課程と中等教育課程を合わせて100名の学部であった。その後、教員採用動向の変化を受け、小学校と中学校を通した義務教育全体に対応できる教員を養成するという方針のもと、中等教育課程を発展的に解消し、初等教育課程を学校教育課程へと再編し名称を変更した。学校教育課程では、義務教育を総合的に捉え、児童生徒に対して、より豊かで適切な教科指導、学級経営、教育相談、生徒指導、特別活動等を実践できる資質・能力を持った教員の養成を行ってきた。加えて、学校教育課程では、養護学校等で知的障害や情緒障害等のある児童生徒を中心として障害児教育に携わる教員の養成も行ってきた。何度かの変更の結果、現在の学校教育課程の入学定員は250名となっている（用語は当時のもので記述している）。

　2001年には、子供の教育を巡っていじめや不登校等が課題となっているなかで乳幼児期における人間形成の基礎を担う教育者を育成することを理念とした心理教育課程を設置した。以来、心理教育課程は、「教育学、心理学、保育学の3領域に関する知識と技術を基盤とする教育及び研究を行い、乳幼児期から児童期・青年期に至

るまでの「心の教育」を担う人材を養成する」という目的の、心理学・臨床心理学・教育学・保育学・福祉学、情報教育等に精通した幼稚園教諭及び保育士を養成してきた。心理教育課程の入学定員は設置以来変更されておらず100名である。

　このように、教育学部は、教科指導を中心とする児童期から青年期にかけての教育の担い手は学校教育課程で、心の教育を中心とする乳幼児期からの教育の担い手は心理教育課程で養成するという2課程体制で対応してきた。もちろん、その間にも、教育者に対して求められる専門性の変化や、学習指導要領の改訂および教育職員免許法の改正等に応じてカリキュラム改正を行ってきた。大きな改正の一つは、学部共通科目の設置であり、学校外での教育をも含めて社会の中での教育の役割についての見識や、外国語活動や特別支援教育に関わる知識・技能を涵養することに努めてきた。もう一つは、学校教育課程においては教科指導、心理教育課程においては心の教育といった専門性をより高めるための科目内容と編成の見直しであり、各課程の特色を活かした教育を拡充してきた。

　しかし、前項で述べたような学校教育を巡る状況の変化およびそれを支えるために求められる教育者像の変化による教員養成機関に対する社会的要請に応えていくには、上述のようなカリキュラム改正を中心とした調整を越えた積極的な改革が急務であり、その意思を明確に反映した学部組織の編成が必要である。特に、心理教育課程をより充実させる形で学部組織を再編することがその要となる。

　上述の通り、心理教育課程は乳幼児期からの「心の教育」の専門家を養成してきた実績がある。また、学校教育課程では、小学校を中心に特別な支援を必要とする子供の教育を担う教員を養成してきている。これらを踏まえて、また学校教育課程が担ってきた役割の一部を心理教育課程に統合したうえで同課程を再編し、発達教育課程と名称変更する。具体的には、特別支援学校教諭養成の役割を学校教育課程から発達教育課程に移し、心理教育課程が担ってきた「心の教育」の専門家の養成と統合することで教育者養成としての役割を拡充する。すなわち、新課程においては、乳幼児期から児童期にかけての子供の発達の連続性、教育制度及び教育内容の系統性を踏まえ、発達障害や知的障害等の多様な障害のある子供を含めた多様な発達の在り方に応じた指導及び援助を担い、心身の連関と人間形成の基盤を育成する専門性を持った教育者の養成を行う。そのために教育内容とその編成を見直すとともに定員増を行い、教育者養成の質・量の両面における拡充を目指す。また、同課程において、心理教育課程で取得可能であった幼稚園教諭一種免許状、保育士資格に加

えて、小学校教諭一種免許状および特別支援学校教諭一種免許状を取得可能とするよう教職課程を設置する。

イ．設置の時期及び位置
　2020（令和2）年4月に開設し、現在教育学部を設置する埼玉県越谷市の同地に引き続き設置する。

ウ．発達教育課程の目的と養成する人材
　学則第6条に記載する発達教育課程の教育研究上の目的は次の通りである。
「教育学・保育学、心理学に関する知識と技能を基盤とする教育及び研究を行い、乳幼児期から児童期・青年期に至るまでの発達の連続性と多様性を踏まえ、心身の連関と人間形成の基盤の育成を担う教育者を養成する。」
　a．養成する人材
　教育や保育に関する専門的知識と技能を持ち、子供の発達の連続性や多様性を踏まえて子供を指導・支援し、人間形成の基盤を育成できる教育力と人間力を持ったうえで、以下のように教育・保育の場で活躍できる人材を養成する。
　　1）特別支援教育に精通し、多様なニーズを持つ子供たちの個性や能力を見取り、それぞれの発達の在り方に沿った指導や支援を行える教育者
　　2）幼稚園教育と小学校教育の双方に精通し、幼小接続と領域・教科を横断した教育に高い専門性を持つ教育者
　　3）心理学等の基礎理論を理解し心理学的技法を習得した児童期の「心の教育」に高い専門性を持つ教育者
　　4）乳幼児の心身の発達の多様性や連続性を理解し、教育・保育と子育て支援に高い専門性を持つ教育者

　b．教育目標
　教育学部2課程ともに下記のような資質能力を習得させることを目標とする。
　　1）教育に求められる社会の要請を理解し、様々な教育課題に関して、幅広い教養と教育に対する深い見識を持ち、家庭・学校・地域社会と協力しながらその解決を図る力
　　2）人間愛の精神の下、子供の可能性を信じ、教育者としての高い志を持ち、そ

の責務を果たそうとする使命感

3）教育者として求められる資質能力に加え、確かな専門性と実践的指導力

4）時代の変化や自らのキャリアステージに応じて、果たすべき役割について考え、課題を発見、解決しようとしながら、教育者として生涯にわたって学び続けようとする強い意志

その上で、発達教育課程では5）のような資質能力を習得させることを目標とする。

5）教育学、心理学、保育学に関する基礎理論およびそれらと教育・保育実践との関連を深く理解し、乳幼児期から児童期・青年期に至るまでの発達の連続性と多様性を踏まえて、心身の連関と人間形成の基盤を育成するための専門性と実践力

さらに、学生の希望する進路に応じて6）〜9）のような専門性を習得させることを目標とする。

6）特別支援教育の基礎理論について精通し障害の多様性を理解したうえで、個々の子供の個性と能力を伸長するための指導や支援を計画し実行するための専門性と実践力

7）幼児教育と小学校教育の両方の教育課程について統合的に理解し、幼小接続と領域・教科を横断した教育を計画し実践するための専門性と実践力

8）心理学等の基礎理論に精通し児童理解や教育相談等に関わる心理学的技法に基づいて、児童期の「心の教育」を担うことのできる専門性と実践力

9）幼児教育・保育と子育て支援についての基礎理論や基礎技能に基づき、幼保連携や家庭教育との連携も含めて乳幼児期の子供の発達を援助できる専門性と実践力

事 項 索 引

人 名 索 引

執筆者 (執筆順)

石川 洋子（いしかわ　ひろこ）（第1章）文教大学教育学部発達教育課程幼児心理教育専修、
専門：保育学　発達心理学

髙井 和夫（たかい　かずお）（第2章）文教大学教育学部発達教育課程幼児心理教育専修、専
門：スポーツ科学、スポーツ心理学

小畑 千尋（おばた　ちひろ）（第3章）文教大学教育学部発達教育課程幼児心理教育専修、専
門：音楽教育学

桑原 千明（くわばら　ちあき）（第4章）文教大学教育学部発達教育課程児童心理教育専修、
専門：発達心理学、臨床心理学

成田 奈緒子（なりた　なおこ）（第5章）文教大学教育学部発達教育課程特別支援教育専修、
専門：小児科学

小野里美帆（おのざと　みほ）（第6章）文教大学教育学部発達教育課程特別支援教育専修、専
門：臨床発達心理学、言語発達支援

小野沢 美明子（おのざわ　みあこ）（第7章）文教大学教育学部発達教育課程幼児心理教育専修、
専門：生活科教育学、総合学習、教育方法学、教材学

小林 稔（こばやし　みのる）（第8章）文教大学教育学部発達教育課程児童心理教育専修、専
門：体育科教育（小学校）、健康教育

佐藤 晋平（さとう　しんぺい）（第9章）文教大学教育学部発達教育課程初等連携教育専修、
専門：教育法学・教育思想

八藤後 忠夫（やとうご　ただお）（第10章）元文教大学教育学部発達教育課程特別支援教育専修、
専門：保健社会学

佐々木 順二（ささき　じゅんじ）（第11章）文教大学教育学部発達教育課程特別支援教育専修、
専門：障害児教育学、障害原理論、聴覚障害教育、障害学生支援

太郎良 信（たろうら　しん）（第12章）文教大学名誉教授、元文教大学教育学部発達教育課程
初等連携教育専修、専門：教育学・教育史

会沢 信彦（あいざわ　のぶひこ）（第13章）文教大学教育学部発達教育課程児童心理教育専修、
専門：教育相談、生徒指導

藤森 裕治（ふじもり　ゆうじ）（第14章）文教大学教育学部発達教育課程初等連携教育専修、
専門：幼児教育・国語科教育・日本民俗学

清水 邦彦（しみず　くにひこ）（第15章）文教大学教育学部発達教育課程児童心理教育専修、
専門：算数・数学教育学

宮野 周（みやの　あまね）（第16章）文教大学教育学部発達教育課程幼児心理教育専修、専門：
教科教育学、乳・幼児の造形表現、図画工作科教育

小幡 肇（おばた　はじめ）（第17章）文教大学教育学部発達教育課程初等連携教育専修、専門：
生活科・総合的な学習

浅野 信彦（あさの　のぶひこ）（第18章）文教大学教育学部発達教育課程初等連携教育専修、
専門：カリキュラム研究、教師教育

発達と教育

2024年 2 月28日　初版第 1 刷発行

編　著　文教大学教育学部
　　　　発達教育課程

発行者　木　村　慎　也

・定価はカバーに表示　　印刷　恵友社／製本　和光堂

発行所　株式会社　北 樹 出 版

〒153-0061　東京都目黒区中目黒1-2-6
URL:http://www.hokuju.jp

電話(03)3715-1525(代表)　FAX(03)5720-1488